VORWORT

Vor wenigen Jahren entstand während eines langen Telefonats mit Pamela von „enemenemeins" die Idee, gemeinsam mit Exklusivdesignern von „lillestoff" ein Buch zu machen. Jede Designerin sollte ein Modell skizzieren, das sie gerne nähen wollte und dazu einen passenden Stoff entwerfen.

Nach nicht einmal sechs Monaten haben wir uns dann für ein Wochenende in Hannover in der Werkstatt von Orike Muth getroffen und losgelegt. Die Schnitte waren in der Zwischenzeit von Profis erstellt und gradiert worden und wir hatten zwei intensive gemeinsame Tage. Wir haben genäht und getrennt, Arbeitsschritte notiert und wieder verworfen, viel gelacht und noch mehr gegessen.

Wir würden uns wünschen, dass alle, die dieses Buch gekauft haben, genau so viel Freude damit haben wie wir an diesem Wochenende!

Euer „lillestoff"-Team

INHALT

Einteilung der Schwierigkeitsgrade
Zur leichteren Übersicht haben wir die Modelle nach Schwierigkeitsgraden eingeteilt. Diese haben wir mit kleinen Scheren angegeben.

- Eine Schere heißt, das Modell ist leicht und schnell zu nähen. Also für Anfänger geeignet.
- Zwei Scheren bedeutet, das Modell erfordert etwas Näherfahrung.
- Drei Scheren kennzeichnen die Modelle, die fortgeschrittene Nähkenntnisse erfordern.

NÄHZUBEHÖR

Nähmaschine
Wer erst mit dem Nähen beginnt, sollte sich unbedingt in einem Fachgeschäft beraten lassen, welche Maschine die richtige ist. Es gibt viele unterschiedliche Modelle für Einsteiger und Fortgeschrittene. Wir haben mit Maschinen der Firma Elna gearbeitet.

Nähmaschinennadeln
Für verschiedene Nähaufgaben werden oft auch verschiedene Nähmaschinennadeln eingesetzt. Meistens hängt es vom Material ab, das unter die Maschine kommt (Ledernadel, Jeansnadel, Jerseynadel etc.). Die Hersteller haben meist eigene Kennzeichnungssysteme, aber die Angabe der Nadelstärke ist in der Regel einheitlich: je größer die Zahl, desto dicker ist die Nadel. Viele Stoffe können zum Beispiel mit einer Universalnadel der Stärke 80 verarbeitet werden. Näht man allerdings sehr dünne Stoffe, kommt schon einmal die Stärke 70 oder gar 60 zum Einsatz, um keine Ziehfäden oder große Löcher zu verursachen. Andersherum wird man eine kräftige Jeans vielleicht mit einer 90er- oder 100er-Nadel nähen, damit diese nicht abbricht.
Für Jersey oder Maschenware im Allgemeinen ist es wichtig, eine Jerseynadel einzusetzen. Sie hat eine abgerundete Nadelspitze und gleitet daher an den Maschen vorbei, anstatt sie zu zerstechen. So können keine Löcher oder Laufmaschen entstehen.
Eine weitere interessante Nadel ist die Zwillingsnadel. Mit ihr kann man einen elastischen Saumabschluss verarbeiten: Bei Verwendung einer Zwillingsnadel bildet die Nähmaschine auf der Vorderseite eine Doppelnaht und auf der Rückseite eine Zickzacknaht. Manchmal ist hier eine Abstimmung der Fadenspannung vorab sinnvoll, um ein optimales Nahtbild zu erreichen.

Stecknadeln
Lange, dünne Stecknadeln erleichtern die Handhabung und man vermeidet die Bildung von Löchern oder Ziehfäden.

Nähgarn
Bei Nähgarnen gibt es eine große Auswahl. Es ist empfehlenswert, hier auf eine gute Qualität zu achten, denn es ist wirklich ärgerlich, wenn beim Nähen immer der Faden reißt, weil das Garn minderwertig ist.
Man kann sich zwischen Polyestergarn oder Baumwollgarn entscheiden. In der Regel ist das synthetische Garn etwas stabiler, da die Fasern, aus denen es gezwirnt wird, meist länger sind als natürlich gewachsene Baumwollfasern. Wer jedoch auf Naturfasern setzt, findet eine sehr gute Auswahl an GOTS-zertifizierten Bio-Garnen.

Stoffschere
Eine teure Stoffschere ist eine gute Investition. Man sollte dann aber unbedingt vermeiden, damit etwas anderes zu schneiden als Stoff (Papier, Folie etc.), denn sonst wird sie schnell stumpf.

Markierhilfen
Es gibt Schneiderkreide, Kreidestifte und auch auswaschbare Stifte, sogenannte „Zauberstifte". Letztere eignen sich besonders für Markierungen, die auf der rechten Seite des Stoffes vorgenommen werden müssen.

Messwerkzeuge
Ein Maßband reicht schon für viele Zwecke aus, aber auch ein großes Geodreieck, ein Schneiderwinkel oder ein Handmaß können sehr hilfreich sein.

Nahttrenner
Er muss hoffentlich nicht zum Einsatz kommen, aber man sollte ihn griffbereit haben, um misslungene Nähte aufzutrennen.
Alternativ kann man für diesen Zweck aber auch eine kleine, spitze Stickschere verwenden.

Bügeleisen und Bügelbrett
In den Anleitungen wird schnell klar, dass man beim Nähen um den Einsatz eines Bügeleisens kaum herumkommt. Idealerweise wird mit einem Dampfbügeleisen gearbeitet oder gar mit einer Dampfstation. Viele Schneidermeister zitieren noch heute das geflügelte Wort: „Gut gebügelt ist halb genäht."

MARKING
COATS
OLFA

TIPPS UND TRICKS

WISSENSWERTES ZU STOFFEN

Fast alle Schnittmuster im Buch sind für Jersey, also dehnbare Stoffe konzipiert.

Textile Flächen bzw. Stoffe haben zahlreiche unterschiedliche Eigenschaften. Diese entstehen durch viele verschiedene Einflüsse. Einer davon ist die Art der Flächenkonstruktion: Wurde ein Stoff gewebt oder gestrickt, handelt es sich also um ein Gewebe, wie Jeans, oder um eine Maschenware, wie Jersey. Maschenware ist dehnbar, während ein Gewebe in der Regel nur so elastisch ist wie die Fäden, aus denen es hergestellt wurde.
Ein zweiter wichtiger Aspekt bei den Eigenschaften von Stoffen ist die Beschaffenheit der Fasern, aus denen diese Fäden bestehen. Auch Fasern unterteilt man zunächst in zwei große Hauptgruppen: Naturfasern und synthetische Fasern - jeweils mit vielerlei Untergruppen. Bei den Naturfasern zum Beispiel unterscheidet man unter anderem zellulosische (Baumwolle, Leinen, Hanf) und tierische, also eiweiß-basierte Fasern (Wolle, Seide).
Oft wird gewebte Ware aus Baumwolle, wie sie häufig für Patchwork-Arbeiten oder Ähnliches eingesetzt wird, fälschlich nur als „Baumwolle" bezeichnet, denn schließlich gibt es ebenso gestrickte Stoffe aus Baumwolle.

Es würde zu weit führen, in diesem Buch eine umfassende Übersicht über die textile Materialkunde zu geben. Ein Aspekt ist uns jedoch sehr wichtig:
Textilien sind Produkte mit einer langen Wertschöpfungskette. Schon wenn wir beim Jersey angekommen sind, hat zuvor jemand eine Baumwollpflanze gezogen, diese abgeerntet, die Fasern zu einem Zwirn versponnen, es danach eingefärbt und es dann zu einer Fläche verstrickt, die eventuell noch bedruckt oder auf andere Art veredelt wurde. Danach erst investieren wir dann schließlich noch unsere Arbeit und Energie, um daraus ein Kleidungsstück oder etwas anderes Schönes zu nähen. Textilien sind also Produkte, die man wertschätzen sollte, bei deren konventioneller Herstellung jedoch oft ein respektloser Umgang mit Ressourcen praktiziert wird. Daher lässt „lillestoff" seine Produkte auch mit einem Umweltsiegel zertifizieren, GOTS (Global Organic Textile Standard). Dieses Siegel wird, anders als viele andere Ökokennzeichnungen, von einer unabhängigen Organisation vergeben und sichert hohe Standards für Umwelt- und Sozialkriterien.

Pflege und Wäsche

- eigenen Blutstropfen mit Spucke abreiben oder sofort in kaltes Wasser legen
- Jerseystoffe bei maximal 40 Grad und mit Textilien gleicher Struktur und ähnlicher Farbigkeit zusammen waschen
- bei farbiger Wäsche Colorwaschmittel verwenden
- statt Weichspüler lieber einen Schuss Essig verwenden
- nicht in den Trockner geben
- mäßig heiß bügeln
- nicht bleichen

HINWEISE ZUR VERARBEITUNG

Zuschnitt

1. Vorwaschen:
Wir empfehlen, alle Stoffe vor der Verarbeitung vorzuwaschen, um ein späteres Einlaufen des fertigen Kleidungsstückes zu vermeiden.

2. Naht- und Saumzugaben:
Nahtzugaben sind in den Schnittmustern nicht enthalten. Wenn nicht anders angegeben, bitte 7 bis 8 mm Nahtzugabe hinzufügen (füßchenbreit).
An Kanten, die eingeschlagen und abgesteppt werden sollen (Body-, Ärmel-, Hosensäume), empfehlen wir eine breitere Nahtzugabe von 1,5 bis 3 cm.

3. Markierungen auf den Schnittteilen:
Bitte alle Markierungen auf den Schnittteilen und vor allem die Angaben zu Fadenlauf und Stoffbrüchen beachten. Der Fadenlauf entspricht der Längsrichtung des Stoffes (parallel zur Webekante) und zeigt somit an, wie genau das Schnittteil auf dem Stoff positioniert werden muss. Das ist wichtig, da Stoffe in verschiedenen Richtungen unterschiedlich stark dehnbar sind.
Von einem „Stoffbruch" spricht man, wenn der Stoff gefaltet wird, in der Regel rechts auf rechts. Der Knick, der durch das Falten entsteht, wird dann „Bruch" genannt.

4. Materialangaben:
Aufgrund der vielfältigen Gestaltungsmöglichkeiten der Modelle in Bezug auf Kontrastmaterialien sollen unsere Materialangaben lediglich einen Überblick geben. Verbrauch und Aufbereitung können beim Einsatz mehrerer verschiedener Stoffe davon abweichen.

5. Gedoppelt zuschneiden:
Wenn man Kleidung näht, findet man oft „halbe" Schnittteile vor, auf denen dann an der einen Kante die Mitte gekennzeichnet ist, z. B. ein halbes Vorderteil mit vorderer Mitte. Um daraus ein vollständiges Vorderteil zu erhalten, legt man den Stoff beim Zuschneiden rechts auf rechts – also gedoppelt – der Länge nach in einen Bruch. Das halbe Vorderteil, das wir als Beispiel verwenden, wird mit der gekennzeichneten Mitte genau an diesem Bruch angelegt. Schneidet man nun das Schnittteil gleichzeitig aus beiden Stofflagen aus und faltet den gedoppelten Stoff auf, erhält man ein ganzes Teil.
Durch das Spiegeln am Stoffbruch entstehen automatisch eine rechte und eine linke Körperhälfte.
Das funktioniert ebenso bei Schnittteilen, die rundherum, also nicht im Bruch aber trotzdem aus einer doppelten Schnittlage ausgeschnitten werden, z. B. ein Ärmel. Man vermeidet so, dass man aus Versehen zwei linke oder zwei rechte Ärmel ausschneidet.
Ein weiterer Vorteil ist, dass beide Teile bzw. Seiten dann absolut identisch sind. Denn wenn man nicht sehr akkurat arbeitet, kann es schon mal passieren, dass es bei Schnittteilen kleine Abweichungen gibt, wenn man eine Papierschablone zweimal nacheinander auflegt und ausschneidet.
Die Methode ist allerdings nicht geeignet für asymmetrische Schnittteile. Außerdem ist davon abzuraten, wenn man ein großes Muster auf dem Stoff hat, das man auf eine bestimmte Art positionieren möchte, da man ja immer nur die obere Seite des doppelt gelegten Stoffes sehen kann.

Markieren mit „Knipsen"

Oft helfen Markierungen auf den Schnittteilen dabei, die richtigen Strecken zusammenzunähen oder Positionen zu finden für Leisten, Taschen und Ähnliches.
Diese Markierungen, sofern sie an Kanten liegen und nicht mitten im Teil, kann man bei Jerseystoffen gut mit Knipsen markieren, anstatt Kreide zu verwenden, da diese bei weichen Stoffen oft ungenau zeichnet.
Als Knipse bezeichnen wir kleine Einschnitte in der Nahtzugabe. Die Nahtzugabe wird an der entsprechenden Stelle ca. 5 mm tief eingeschnitten. Der Knips sollte jedoch immer 2-3 mm vor der Nahtzugabe enden, sonst riskiert man beim Nähen ein Loch in der Naht.
Knipse haben außerdem den Vorteil, dass man bei einem gedoppelten Zuschnitt gleich beide Teile in einem Arbeitsgang markiert hat.

Sichern der Enden von Overlocknähten
Um ausfransende Enden bei Overlocknähten zu vermeiden, kann man sie mithilfe einer dicken Sticknadel (abgerundete Spitze, damit man nirgends hängen bleibt) mit großem Öhr vernähen oder nach innen in die Naht einziehen. Dafür muss man aber zuvor darauf achten, dass man die Fäden am Ende der Overlocknaht nicht zu kurz abschneidet.

Versäubern der Kanten
Für Nähanfänger empfehlen wir, alle Schnittteile nach dem Zuschnitt mit einem einfachen Zickzackstich zu versäubern. Wir haben uns dafür entschieden, dazu in den Anleitungen keine weiteren Angaben zu machen. Erfahrene Näher oder diejenigen, die mit einer Overlockmaschine arbeiten, können natürlich selbst entscheiden, bei welchen Schritten sie das Versäubern und Schließen der Nähte in einem Schritt durchführen möchten.

Nahtzugaben an Ecken und Rundungen zurückschneiden

Werden stark geformte Schnittteile (Ecken, Rundungen) rechts auf rechts zusammengenäht und verstürzt, müssen die Nahtzugaben vor dem Wenden bearbeitet werden, damit sich die Kante am Schluss gut legen kann. Das liegt daran, dass sich die Streckenlängen von genähter Naht in Bezug zur Schnittkante der Nahtzugabe nach dem Wenden genau gegenproportional zur vorherigen Situation verhalten. Liegen zwei Teile rechts auf rechts, ist zum Beispiel bei einer Außenrundung zunächst die Schnittkante länger als die Nahtlinie. Wendet man die Stoffe, ist die Nahtlinie länger als die Strecke, auf der die Schnittkante der Nahtzugabe Platz finden muss. Schneidet man die Kante der Nahtzugabe vorher nicht kurz, werden sich Falten bilden, die sich dann von rechts durchdrücken. Die Kante muss also kurz geschnitten oder eingeknipst werden.

Bündchen richtig annähen (gleichmäßige Dehnung)

Bündchen werden meistens gedehnt angenäht, damit sie enger anliegen oder damit eine gewisse Weite eingehalten wird, sodass ein Bereich aussieht wie geschoppt oder gekräuselt.
Um eine gleichmäßige Dehnung zu gewährleisten, sollte man die Bündchenlänge und die Strecke, an die das Bündchen angesetzt wird, in gleich viele Abschnitte unterteilen. Beispiel Taillenbündchen Rock: Gesamtumfang des Bündchens vierteln und jeden Viertelpunkt markieren (mit Knips, Kreide oder Stecknadel). Ebenso mit der Oberkante des Rockes verfahren. Nun die zusammengehörenden Viertelpunkte von Rock und Bündchen rechts auf rechts aneinanderstecken und das Bündchen gleichmäßig gedehnt annähen. Wenn die Strecken zwischen den Punkten noch zu lang sind, um sie gut handhaben zu können, einfach einen kleineren Abstand wählen.
Am einfachsten ist es allerdings, wenn man die Möglichkeit hat, hier zu zweit zu arbeiten. Dann kann eine Person beide Kanten gedehnt festhalten, während die andere diese mit Stecknadeln fixiert.

Kordel ohne Sicherheitsnadel durch eine schmale Öse ziehen

Wenn das Loch einer Öse zu klein ist, um von außen eine Kordel mithilfe einer Sicherheitsnadel einzuziehen, kann man dafür auch eine dicke Stopfnadel (abgerundete Spitze, damit man nirgends hängen bleibt) mit großem Öhr verwenden. Kordelende mit Nähgarn umwickeln, das Garn gut verknoten und die Enden lang lassen. Diese Enden in die Sticknadel einfädeln, die Sticknadel rückwärts in die Öse einführen und so die Kordel einziehen.

Abnäher richtig nähen

Damit sich in der Spitze eines Abnähers keine „Tüte" bildet, sollte man Folgendes beachten:

- kurze Stichlänge verwenden (2 mm)
- Der letzte Stich der Abnäherspitze muss exakt den Stoffbruch treffen. Wenn man die letzten Stiche vor der Spitze des Abnähers mit dem Handrad der Nähmaschine ausführt und nicht mit dem Fußanlasser, kann man sehr langsam arbeiten und die Stiche Schritt für Schritt kontrolliert setzen.
- nur am breiten Abnäherende mit Vorwärts-Rückwärts-Stichen die Naht sichern; am kurzen Ende lange Fäden stehen lassen und diese verknoten oder von Hand vernähen
- den Abnäher am Schluss gut ausbügeln

Richtig einkräuseln

Um Mehrweite an einem Teil so einzukräuseln, dass sich die Fältchen gleichmäßig legen, verwendet man am besten zwei Kräuselnähte mit einer großen Stichlänge (mindestens 4 mm). Dabei kann es außerdem hilfreich sein, die Oberfadenspannung etwas zu lockern.
Die Kräuselnähte werden jeweils rechts und links in einem Abstand von ca. 2 bis 3 mm zur eigentlichen Nahtlinie gesteppt. Dabei ist es wichtig, dass Anfang und Ende der Nähte sehr ordentlich sind, also ohne „Fadensalat". Außerdem werden sie nicht vernäht, sondern es bleiben lange Fadenenden stehen.
Mithilfe dieser Fadenenden kann man den Stoff jetzt einkräuseln. Man zieht jeweils entweder an beiden Ober- oder an beiden Unterfäden der zwei Kräuselnähte. In der Mitte zwischen den Nähten entstehen nun sehr gleichmäßige Falten, die man so lange modellieren kann, bis der Faltenwurf das gewünschte Aussehen hat.
Nachdem man auch noch einmal kontrolliert hat, ob die Streckenlänge stimmt, kann man nun die Fadenenden verknoten und auf diese Weise die Kräuselung für die weitere Verarbeitung fixieren.
Die eigentliche Schließnaht liegt dann zwischen den beiden Kräuselnähten und die äußere der beiden, die im fertigen Teil noch sichtbar ist, wird im letzten Arbeitsschritt wieder entfernt.

Einrollen von Jerseykanten vermeiden (z. B. bei Paspelstreifen)
Mit einer Overlock-Nähmaschine ist man hier klar im Vorteil. Einfach die Kanten vorab mit einer Overlocknaht versäubern.

Eine Jerseykordel herstellen

Wenn man für Tunnelzüge o. Ä. keine Kordel zur Verfügung hat, kann man aus elastischem Jersey leicht ein Bändchen herstellen. Man schneidet einen schmalen Streifen zu (ca. 3 bis 4 cm). Die kurze Seite entspricht dabei dem Fadenlauf. Zieht man den Streifen nun wie ein Gummiband in die Länge, entsteht durch das Einrollen der Schnittkanten ein Jerseybändchen. Achtung: Der Stoff rollt sich auf die rechte Seite ein, daher ist beim Bändchen dann die linke Stoffseite sichtbar. Bei der Auswahl des Stoffes also darauf achten, dass er eine schöne Rückseite hat.

Nahtzugaben an Ärmel- und Beinsäumen oder Halslochbündchen zur Seite steppen

Werden beim Zusammensetzen von Kleidungsstücken die Säume und Kanten VOR den Bodynähten (z. B. Seitennaht, Schulternaht) verarbeitet, bleibt dort innen eine unbefestigte Nahtzugabe stehen. Wird an dieser Stelle nicht ganz präzise genäht, kann diese von außen sichtbar sein (durch Kantenversatz). Manche empfinden sie auch als kratzend beim Tragen des Kleidungsstückes (z. B. beim Ärmelsaum am Handgelenk).
Um sie flach zu nähen, genügt ein kurzer Riegel. Wir haben das in den Anleitungen jedoch weggelassen, da dieser Arbeitsschritt bei Jerseystoffen recht schwierig ist. Durch die Dehnbarkeit und Weichheit des Stoffes wird er an Kanten und Erhebungen oft nicht so gut von der Nähmaschine transportiert. Wer es sich zutraut, kann aber die Nahtzugaben an Säumen und Kanten zum Abschluss gern auf diese Art befestigen. Wer damit Schwierigkeiten hat, behilft sich mit ein paar Handstichen.

Applizieren
Ein Nähstück erhält eine ganz individuelle Note, wenn man es noch mit einer hübschen Applikation versieht. Damit sich diese beim Aufnähen nicht verzieht, bügelt man zuvor auf die linke Seite des Applikationsstoffes ein dünnes, beidseitig haftendes Spezialvlies („Vliesofix") auf. Anschließend wird der Stoff in die gewünschte Form geschnitten und dann das Trägerpapier vom Vlies abgezogen. Nun kann die auf diese Weise verstärkte Applikation auf das Nähstück aufgebügelt werden. Damit es sich beim Waschen nicht löst, fixiert man es zusätzlich mit einem kleinen Zickzackstich. Fortgeschrittene Näherinnen können die Applikation auch Freihand aufnähen. Dafür den Applikationsfuß einsetzen, den Transporteur versenken und die entsprechenden Einstellungen an der Nähmaschine wählen.

Und zum Abschluss würden wir empfehlen, immer etwas Nervennahrung in Form von Kaffee und Kuchen oder Keksen bereitzuhalten.

HÄUFIGE STICHARTEN

Geradstich

Er wird für Nähte und Absteppungen, die nicht elastisch sein müssen, verwendet. Die Stichlänge sollte auf 2 bis 3 mm eingestellt sein.

Einfacher Zickzackstich

Dieser Stich kann zum Versäubern offener Schnittkanten verwendet werden, wenn man keine Overlockmaschine zur Verfügung hat.
Außerdem ist er nützlich, um schwierige elastische Nähte schon einmal zusammenzuheften, damit sie im weiteren Verarbeitungsprozess nicht verrutschen können, z. B. wenn mehr als zwei Lagen zusammengenäht werden sollen oder wenn Teile verbunden werden müssen, die sehr unterschiedlich geformt sind (Armkugel und Armloch).
Er kann aber auch verwendet werden, um Säume abzusteppen, die elastisch bleiben sollen.

3-geteilter Zickzackstich oder Geradstich mit der Zwillingsnadel

Bei der Verarbeitung elastischer Materialien, wie z. B. Jersey muss meistens auch darauf geachtet werden, dass die Säume an Ausschnitt oder Arm- und Beinabschlüssen dehnbar bleiben. Wenn keine Coverlock zur Verfügung steht, kann man die oben genannten Stiche gut dafür verwenden, Säume elastisch abzusteppen.
Bei der Verwendung einer Zwillingsnadel sollte man beachten, dass die Stichlänge nicht mehr als 2,5 mm beträgt. Das sorgt für eine besonders hohe Elastizität der Naht.
Eine weitere Möglichkeit für dehnbare Saumnähte ist der erwähnte einfache Zickzackstich.

Geschlossener Overlockstich

Dieser Stich ist gut geeignet, wenn keine Overlock zur Verfügung steht und Schnittteile rechts auf rechts zusammengenäht werden sollen (man spricht auch von „verstürzen"). Die Naht bleibt dehnbar, sieht von der rechten Seite geschlossen aus (anders als zum Beispiel bei einem einfachen Zickzackstich) und die Kante ist gleichzeitig versäubert.
Diese Naht ist allerdings sehr schwer wieder aufzutrennen. Außerdem sollte die Stichlänge nicht kleiner als 2,5 mm sein, da sonst die Nahtzugabe durch die eng gesetzten Stiche und die hohe Garnmenge zu hart werden kann.

Nähte mit der Overlock und Coverlock
Fortgeschrittene verarbeiten elastische Nähte mit diesen Spezialmaschinen, aber auch eine Haushaltsnähmaschine reicht vollkommen aus, wenn die oben genannten Stiche, so wie sie erklärt sind, verwendet werden.

BEGRIFFSERKLÄRUNGEN

Bruch
Wird ein Stoff geknickt, sodass eine gefaltete Kante entsteht, heißt dieser Knick Stoffbruch, Umbruch oder einfach Bruch.

Einhalten
Manchmal sind Strecken von Schnittteilen, die aneinandergenäht werden sollen, unterschiedlich lang, obwohl man sie nicht einkräuseln soll. Stattdessen soll die längere Strecke „eingehalten" werden. Dieser Schritt wird auf Papierschablonen häufig durch eine gewellte Linie angezeigt. Das heißt, dass man beim Nähen entweder die kürzere Strecke leicht zieht oder die längere zusammenstaucht. Es sollen dabei – anders als beim Kräuseln – keine Falten entstehen.
Der Grund ist häufig ein besserer Sitz oder Fall des Stoffes. So ist sehr oft bei Oberteilen die hintere Schulter länger als die vordere. Durch das Einhalten biegt sich später die Schulternaht gemäß der Körperform von allein leicht nach vorn.

Fadenlauf
Ein Stoff besteht aus Kettfäden und Schussfäden, wobei die Kettfäden immer parallel zur Webkante verlaufen und die Schussfäden im 90°-Winkel dazu. Der Fadenlauf entspricht dem Verlauf der Kettfäden. Auf den Schnittmustern ist immer der Fadenlauf angegeben und es ist wichtig, diesen zu beachten, weil er Auswirkungen auf die spätere Form des Nähstücks haben kann. Beachtet man den Fadenlauf nicht, kann es passieren, dass es sich später verzieht.

Fadenspannung
An der Nähmaschine kann man die Fadenspannung stufenlos einstellen. Die übliche Fadenspannung liegt bei Stufe 3, manchmal ist es jedoch sinnvoll, diese zu erhöhen oder zu reduzieren. Wenn man zum Beispiel eine Probenaht nähen möchte, die später wieder aufgetrennt werden soll, arbeitet man mit einer niedrigen Fadenspannung. Auch zum Einkräuseln einer Stoffkante wird die Fadenspannung reduziert.

Füßchenbreit und knappkantig
Mit diesen Begriffen sind Abstände gemeint. „Füßchenbreit" bezieht sich auf den Fuß der Nähmaschine. Dieser sieht normalerweise wie ein Schlitten aus und die Nadel sticht in der Mitte zwischen den beiden „Kufen" ein. Eine Füßchenbreite meint eine „Kufe", und die ist in der Regel 7 bis 8 mm breit. Lässt man also die Kante der einen „Füßchenkufe" zum Beispiel an einer Stoffkante entlanglaufen, wird eine Naht im Abstand von 7 bis 8 mm zur Stoffkante entstehen.
Knappkantig bezeichnet hingegen einen Abstand von 2 bis 3 mm.

Nahtschatten
Manchmal möchte man Stoffteile auf der Innenseite eines Kleidungsstückes festnähen, ohne dass man die Naht von der rechten Seite aus sieht, zum Beispiel, wenn man eine Blende befestigt, die Innenseite eines Bundes (von Rock oder Hose) oder Kantenbelege im Allgemeinen. Dann näht man von der rechten Seite aus so präzise wie möglich in der vorausgegangenen Verstürznaht, sodass diese zweite Naht quasi im Schatten der ersten verschwindet.

Quernadeln
Damit Stoffteile, die man verbinden möchte, beim Nähen nicht verrutschen, steckt man sie mit Stecknadeln zusammen. Dabei kann die Richtung, in der die Nadeln stecken, wichtig sein. Man spricht von Quernadeln, wenn diese quer zur Naht gesteckt sind. Man kann sogar mit der Nähmaschine vorsichtig über solche Nadeln nähen, ohne sie vorher herausziehen zu müssen. Das ist besonders nützlich, wenn man zum Beispiel verhindern möchte, dass bei Nähten, die genau aufeinandertreffen sollen, ein Versatz entsteht.

Steppen
Dieser Begriff meint das Nähen mit der Nähmaschine (anstatt von Hand), wird häufig aber vor allem für den Vorgang des „Absteppens" verwendet. Das heißt, eine von außen sichtbare Naht mit der Nähmaschine im Abstand bzw. in Bezug zu einer Kante oder Naht nähen.

Verstürzen
Mit „verstürzen" bezeichnet man den Vorgang, bei dem zwei Stoffteile rechts auf rechts mit einer Nahtzugabe zusammengenäht und anschließend gewendet werden. Die Teile sind im Ergebnis verbunden, es ist jedoch keine offenliegende Steppnaht sichtbar.

MÄRCHEN-CAPE

Größe: 98/104/110/116/122/128/134 • **Schwierigkeitsgrad:** ✂✂ • Schnittmuster 1a-1e auf Schnittmusterbogen A

MATERIAL

Stoffe
- Jersey für Cape außen, 70/75/80/85/90/95/100 cm bei einer Breite von 150 cm
- Jersey für Cape innen, 70/75/80/85/90/95/100 cm bei einer Breite von 150 cm
- nach Geschmack Stoffreste für Tasche oder Verzierungen

Bügeleinlage
- Vlieseline G 785 (oder ähnliche Qualität) zur Verstärkung der vier vorderen Kanten, 4 Streifen à 10 x 32/34,5/37/39,5/42/44,5/47 cm

Zubehör
- farblich passendes Nähgarn
- 4 Druckknöpfe, z. B. Kamsnaps
- nach Geschmack Materialien zum Verzieren der Taschen, z. B. Spitze, Bänder, Labels

DIE DESIGNERIN

Bora
Eigentlich heiße ich Deborah van de Leijgraaf, aber Bora ist leichter auszusprechen. Daher habe ich das auch als Namen für mein Label ausgewählt. Ich komme aus Holland und bin ursprünglich Buch-Illustratorin.

Mein Weg zum Stoffdesign
Meine Mutter hatte mir schon früh das Nähen beigebracht und als ich selbst Mutter wurde, habe ich angefangen, Kinderkleidung und Dekoration für das Kinderzimmer zu nähen. Der Schritt zu den eigenen Stoffentwürfen war dann nicht mehr weit.

Alles um mich herum inspiriert mich
Meine Kinder, die Natur, Farben, Aktivitäten, auch Erinnerungen an meine eigene Kindheit – ich ziehe meine Inspirationen aus allem was mich umgibt. Ich gehe mit Ideen ins Bett und stehe mit noch mehr Ideen wieder auf, als wäre ich ein kreativer Schwamm.

Leben im kreativen Chaos
Mein Schreibtisch ist meist sehr voll mit allen möglichen Dingen: Computer, Grafiktablett, Pantone-Karten, leere Teetassen, Karten, Post, Skizzenbuch, Stifte, Zeichnungen meiner Kinder, Schlüssel, Spielzeug, Nähzeug und alles was sich im Laufe eines Tages so ansammelt.
Ich liebe Menschen, die mögen, was sie tun. Sie müssen nicht berühmt oder erfolgreich sein: Spaß zu haben, mit dem was man tut, ist das Beste! Und natürlich gibt es jede Menge kreative Designer und Illustratoren, deren Arbeit ich sehr bewundere: mehr dazu auf meinem Pinterest-Account.

ZUSCHNITT

Nahtzugaben sind im Schnittmuster nicht enthalten. Wenn nicht anders angegeben, 7 bis 8 mm Nahtzugabe hinzufügen (füßchenbreit).
Die Markierungen auf den Schnittteilen beachten, ebenso die Angaben zu Stoffbrüchen und Fadenlauf. Siehe auch Tipps und Tricks.

Außenstoff
- 2x Vorderteil 1a
- 1x Rückenteil 1b im Bruch
- 2x Kapuze 1c

Innenstoff
- 2x Vorderteil 1a
- 1x Rückenteil 1b im Bruch
- 2x Kapuze 1c

Stoffe für die Tasche
- 2x Tasche 1d (für die Außenseite)
- Soll auch die Innenseite Taschen bekommen, müssen die Taschen 4x zugeschnitten werden.

Bügeleinlage
- 4x Streifen Cape-Vorderteil 1e

SO WIRD'S GEMACHT

Zuschneiden und Vorbereiten

1 Alle Teile zuschneiden.

2 Vliesstreifen auf die linke Seite aller vorderen Kanten des Capes aufbügeln (2x Innenstoff, 2x Außenstoff).

3 Alle Kanten versäubern. Siehe auch Tipps und Tricks.

Zusammensetzen der Taschen

4 Bei unserem Modell wurden eine elastische Spitzenborte und ein kleines Label eingearbeitet.

5 (Wenn man darauf verzichten möchte, kann dieser Punkt übersprungen werden.) Spitzenborte gedehnt rechts auf rechts auf die Oberkante eines Taschenteils nähen. Dabei muss die Spitze nach unten in das Innere der Tasche zeigen. Auch das kleine Label wird nach innen gerichtet mit ein paar Stichen festgenäht.

6 Beide Taschenteile rechts auf rechts aufeinanderstecken. Alle Zierelemente liegen dabei zwischen den beiden Lagen und dürfen nicht mehr sichtbar sein. Nun werden die Teile rundum zusammengenäht, nur an einer Seite spart man eine Wendeöffnung von ca. 2 cm aus.

7 Nahtzugaben an den Ecken zurückschneiden und in den Rundungen kleine Kerben einknipsen, damit sich die Nahtzugabe nach dem Wenden glatt legen kann.

8 Tasche wenden und die Kanten (auch die Wendeöffnung) der Tasche flach bügeln.

9 Tasche nun auf der Außenseite des Capes an den Markierungen, die man auf dem Schnittteil findet, positionieren und knappkantig feststeppen. Dabei wird dann auch automatisch in einem Arbeitsschritt die Wendeöffnung der Tasche geschlossen.

Kapuze

10 Jeweils die beiden Innen- und Außenkapuzenteile rechts auf rechts aufeinanderlegen und die Kapuzenmittelnaht schließen. Es sind zwei einzelne Kapuzen entstanden: eine Außen- und eine Innenkapuze.

11 Beide Kapuzen nun rechts auf rechts an der Außenkante aufeinanderlegen und zusammennähen. Dabei die untere Kante der Kapuze offen lassen. Kapuze wenden und Außenkante flach bügeln.

12 Wenn das Innenfutter der Kapuze als Außenabschluß sichtbar sein soll, dann bitte die vordere Kante des Innenfutters ca. 1 cm breiter zuschneiden. Diese dann nach dem Zusammensetzen der inneren und äußeren Kapuze einfach etwas nach außen klappen und knappkantig feststeppen. Nun kann der noch offene Teil der Kapuze (links auf links) zusammengeheftet werden, zum Beispiel mit einem einfachen Zickzackstich. Siehe auch Tipps und Tricks. Dieser Schritt erleichtert die Weiterverarbeitung, da er das Verrutschen der beiden Lagen verhindert.

5.1

2

5.2

4

7

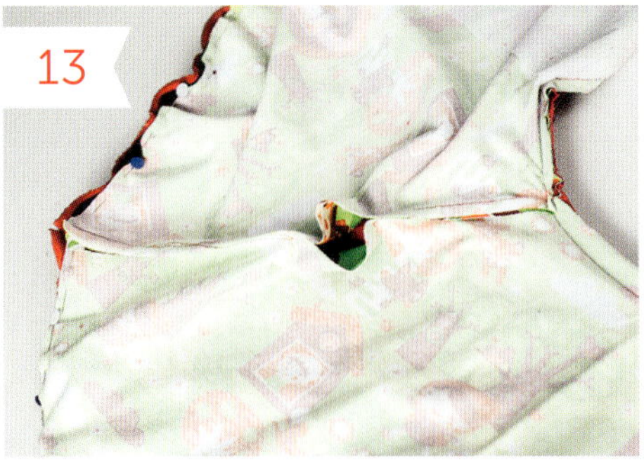

Zusätzlich kann man noch ein paar Fransen aus dem Futterstoff zurechtschneiden und an den Kapuzenzipfel annähen – das sieht schön frech aus!

Cape

13 Seitennähte von Vorder- und Rückenteil des Außenstoffs rechts auf rechts aufeinandernähen. Ebenso mit den Cape-Teilen für die Innenseite verfahren. Hier dann jedoch in einer Seitennaht eine Wendeöffnung von 4 bis 5 cm aussparen. Es sind ein Außen- und ein Innencape entstanden.

14 Die Halsausschnittkante der Kapuze rechts auf rechts am Halsausschnitt des Capes feststecken, entweder Außenstoff auf Außenstoff oder Innenstoff auf Innenstoff.

15 Nun wird das Außencape rechts auf rechts auf das Innencape gelegt. Die Kapuze liegt dabei zwischen diesen beiden Lagen und ist nicht mehr sichtbar.

16 Die beiden Teile werden nun an der offenen Kante rundum zusammengenäht. Wenn an der unteren Kante eine Spitzenborte wie bei unserem roten Modell gewünscht ist, dann muss zwischen den beiden Lagen die Borte mitgefasst werden. Sie liegt nun zwischen Innen- und Außencape und darf nicht mehr sichtbar sein. Im Anschluss werden die Nahtzugaben zurückgeschnitten.

17 Cape wenden und die Öffnung danach mit ein paar Handstichen schließen (siehe auch Tipps und Tricks). Kante des Capes flach bügeln.

18 Druckknöpfe gemäß den Markierungen auf dem Schnittteil einnieten. Das Cape kann nach rechts oder links geschlossen werden, je nachdem auf welche Seite man die äußeren Druckknöpfe setzt.

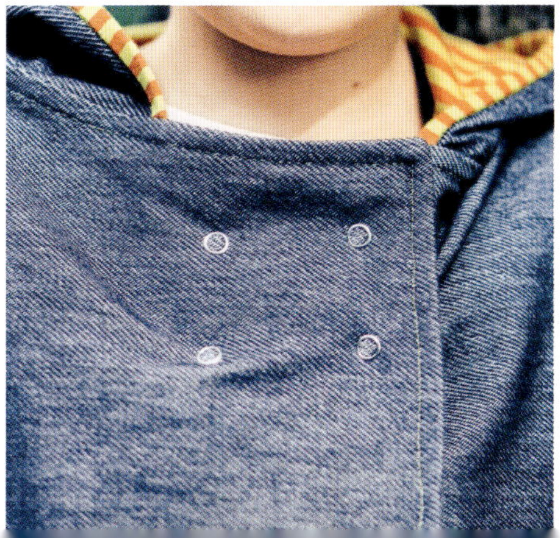

BEQUEMES POLOKLEID

Größe: 98/104/110/116/122/128/134 • **Schwierigkeitsgrad:** • Schnittmuster 2a-2g auf Schnittmusterbogen B

MATERIAL

Stoffe

- Jersey für das Kleid, 80/85/95/100/110/115/120 cm bei einer Breite von 150 cm
- Kontraststoff für die Passe, 30 cm
- Kontraststoff für Knopfleiste und Kragen, 80/85/95/100/110/115/120 cm bei einer Breite von 150 cm
- Bündchenware für die Ärmelsäume, 20 cm

Bügeleinlage

- Vlieseline G 785 (oder ähnliche Qualität), 30 x 120 cm
- beidseitig klebendes Vliesband (z. B. Vliesofix T25, Breite 6 mm), 50 cm

Zubehör

- farblich passendes Nähgarn
- 7 Druckknöpfe, z. B. Kamsnaps

DIE DESIGNERIN

Lieve Mariën aus Antwerpen
Meine Stoffe werden unter dem Name "Pieke Wieke" vertrieben – das war der Spitzname, den mein Vater mir als kleines Kind gegeben hatte.

Das Nähen habe ich mir selbst beigebracht
Ich wollte gerne nähen können und da habe ich im Internet gesucht und tolle Anleitungen gefunden. So hat alles angefangen. Heute habe ich einen eigenen Stoffladen, organisiere Workshops und liebe es, Designs zu entwerfen.

Per Zufall zum Stoffdesign
Ich hatte schon immer ein Faible für Grafikdesign und Muster. Während eines Nähkurses lernte ich jemanden kennen, der eine neue belgische Marke auf den Markt bringen wollte. Ehe ich mich versah, entwarf ich Stoffe für diese Firma und fand es großartig!

Inspiration von überall her
Fast alles kann mich inspirieren. Schnitte, die ich auf der Straße sehe. Farben, die ich in Kinderbüchern sehe. Meist kommen mir Dinge in den Sinn, wenn ich meinen Sohn nachts in den Schlaf wiege. Manchmal fange ich auch einfach an zu zeichnen und die Formen kommen von ganz allein.

Freiheit und Leidenschaft sind mir wichtig
Ich genieße die Freiheit, die ich als Stoffdesignerin habe. Und Leute zu treffen, die meine Leidenschaft für schöne Stoffe und das Nähen teilen. Es ist toll, weil ich durch diesen Job auch die Möglichkeit habe, mich um unsere beiden Söhne zu kümmern.

Farbenfroh soll es sein!
Ich liebe kleine, farbenfrohe und geometrische Designs, die nicht so einfach zu finden sind. Für dieses Buch wollte ich aus meinen Stoffen etwas zeigen, das perfekt für Mädchen und Jungen geeignet ist.

ZUSCHNITT

Nahtzugaben sind im Schnittmuster nicht enthalten. Wenn nicht anders angegeben, 7 bis 8 mm Nahtzugabe hinzufügen (füßchenbreit).
Die Markierungen auf den Schnittteilen beachten sowie die Angaben zu Stoffbrüchen und Fadenlauf. Siehe auch Tipps und Tricks.

Jersey für das Kleid

- 2x Vorderteil 2a
- 1x Rückenteil 2b im Bruch
- 2x Ärmel 2c
- 2x Passe 2d im Bruch

Stoff für Knopfleiste und Kragen

- 2x Kragen 2e im Bruch
- 2x Knopfleiste 2f

Bündchenware

- 2x Streifen Ärmelbündchen 2g

Bügeleinlage

- 2x Kragen 2e im Bruch
- 2x Knopfleiste 2f

SO WIRD'S GEMACHT

Zuschneiden und Vorbereiten

1 Alle Teile zuschneiden. Kanten versäubern. Siehe auch Tipps und Tricks.

2 Vlieseinlage auf die linken Seiten der vorgesehenen Schnittteile aufbügeln (Kragen, Knopfleiste).

Kragen vorbereiten

3 Beide Kragenteile rechts auf rechts aufeinanderlegen und an der Außenkante zusammennähen. Die Halslochnaht des Kragens bleibt dabei offen.

4 Die Nahtzugaben zurückschneiden und dabei auch die Innenecke über der kleinen Rundung in der vorderen Mitte bis kurz vor die Naht einknipsen. Kragen wenden und flach bügeln. Siehe Tipps und Tricks.

Verarbeitung Schulterpasse

5 Ein Passenteil mit der rechten Seite nach oben bereitlegen. Darauf wird nun das Rückenteil rechts auf rechts und Schnittkante auf Schnittkante platziert. Zuletzt legt man darauf die zweite Passe mit der rechten Seite auf die linke Seite des Rückenteils, ebenfalls Schnittkante auf Schnittkante. Das Rückenteil liegt nun zwischen beiden Passen wie in einem Sandwich. An dieser Kante werden nun alle drei Teile zusammengenäht.

6 Beide Passen nach oben bügeln. Sie liegen nun links auf links aufeinander.

7 Anschließend die Schulternähte der Vorderteile mit den Schulternähten der Passen verbinden. Die Anordnung der Lagen bleibt dabei so wie beim Rückenteil, wir empfehlen jedoch, in zwei Schritten zu arbeiten und zuerst die Vorderteile rechts auf rechts an die Schulternaht der Außenpasse zu nähen. Danach Innenpasse um die gesamten Vorderteile herumdrehen und rechts auf links annähen, zurückwenden.

8 Die Passe sollte nun so aussehen wie auf dem Foto.

Verarbeitung der Knopfleiste

9 Knopfleistenteile in Längsrichtung links auf links falten und flach bügeln.

10 Beide Knopfleisten mit den Schnittkanten rechts auf rechts an den Vorderkanten des Kleides feststecken und annähen. Leisten in die richtige Position umklappen und bügeln.

Kragenverarbeitung

11 Außenseite des Unterkragens rechts auf rechts an den Halsausschnitt stecken und festnähen, dabei Schulterknipse am Kragen beachten.

12 Obere Kante der Nahtzugabe vom Halsloch und Knopfleiste abschrägen und anschließend die Nahtzugabe des Halsloches in den Kragen hineinbügeln. Die Nahzugabe des Oberkragens, der noch unbefestigt ist, ebenfalls nach innen umbügeln.

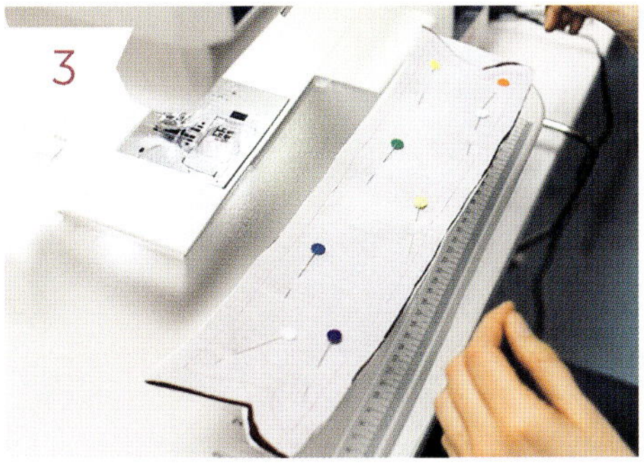

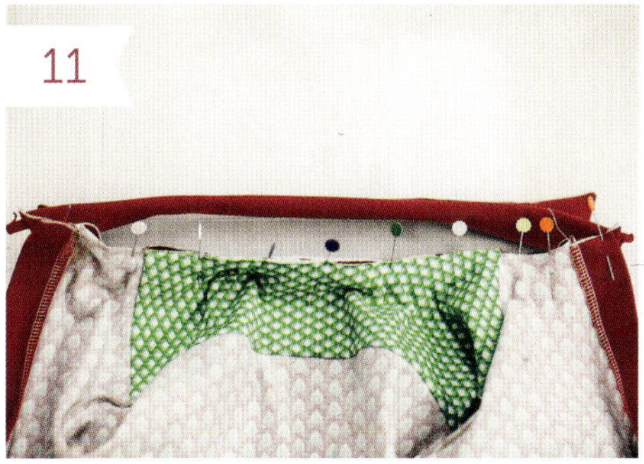

13 Damit sich die Knopfleiste glatter in den Kragen einfügt, einfach eine kleine Ecke abschrägen.

14 Beidseitig klebendes Vliesband auf die Nahtzugabe des Halsloches aufbügeln und den Papierstreifen ablösen. Nun die eingebügelte Kante des Oberkragens genau auf der Halslochnaht mit dem Bügeleisen andrücken.

15 Der Oberkragen kann nun am Halsloch knappkantig festgesteppt werden, ohne dass er dabei verrutscht. Wer möchte, kann bei diesem Arbeitsgang auch in einem Schritt den gesamten Kragen an der Außenkante absteppen. Alternativ teilt man diese Schritte auf zwei Arbeitsgänge auf.

Fertigstellen

16 Ärmelbündchen links auf links in Längsrichtung halbiert bügeln und leicht gedehnt am Ärmelsaum rechts auf rechts feststecken und annähen. Siehe auch Tipps und Tricks.

17 Die Ärmel mit der Armkugel ans Armloch stecken und festnähen. Dabei sollte der Ärmel oben liegen, denn das verhindert eine ungewollte Faltenbildung beim Nähen.

18 Nun werden die Unterarmnaht und die Seitennaht in einem Arbeitsgang geschlossen.

19 Saumnahtzugabe am Kleid einbügeln und mit einem elastischen Stich feststeppen (3-geteilter Zickzackstich, Geradstich mit Zwillingsnadel oder Coverstich; siehe auch Tipps und Tricks).

20 Gleichmäßige Abstände für die Position der Druckknöpfe markieren und diese einnieten.

13.1

14.1

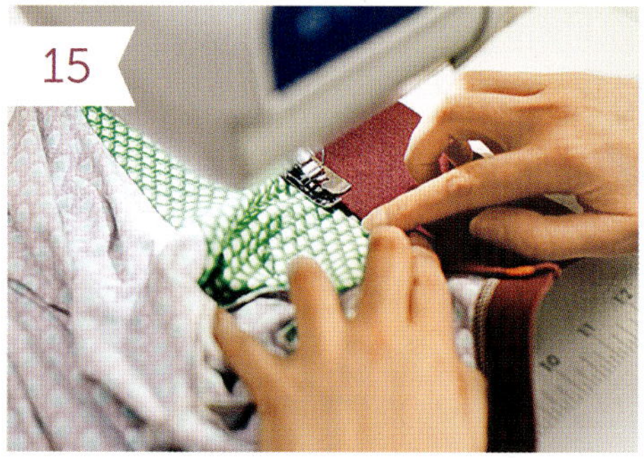
15

13.2

14.2

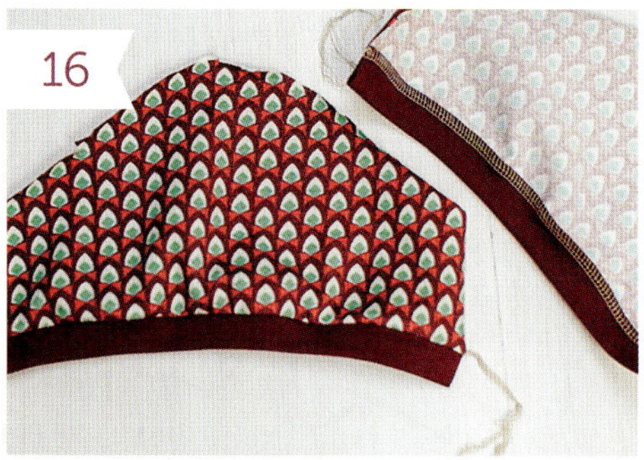
16

LÄSSIGES POLOHEMD

Größe: 98/104/110/116/122/128/134 • **Schwierigkeitsgrad:** • Schnittmuster 3a-3g auf Schnittmusterbogen C

MATERIAL

Stoffe
- Jersey für das Hemd, 60/64/68/72/76/80/84 cm bei einer Breite von 150 cm
- Stoff für Knopfleiste und Kragen, 40/42/44/46/48/50/50 cm bei einer Breite von 150 cm
- Stoff für die Paspeln, 50 x 10 cm (wer eine vorgefertigte Paspel nehmen möchte, sollte daran denken, einen Nähfuß für Reißverschlüsse oder Paspeln zu verwenden)
- Bündchenware für die Ärmelsäume, 20 cm

Bügeleinlage
- Vlieseline G 785 (oder ähnliche Qualität), 30 x 50 cm
- beidseitig klebendes Vliesband (z. B. Vliesofix T25, Breite 6 mm), ca. 50 cm

Zubehör
- farblich passendes Nähgarn
- 6 Druckknöpfe, z. B. Kamsnaps

ZUSCHNITT

Nahtzugaben sind im Schnittmuster nicht enthalten. Wenn nicht anders angegeben, 7 bis 8 mm Nahtzugabe hinzufügen (füßchenbreit).

HINWEIS

Die Designerin von diesem Modell ist Lieve, mehr Informationen zu ihrer Person findest du auf Seite 19. Das Hemd wird genauso wie das Kleid genäht. Der einzige Unterschied – abgesehen von der Länge natürlich – liegt in den Schulterpassen. Beim Hemd wurden sie nicht aus einem Kontraststoff angefertigt, dafür aber mit Paspeln versehen.

Die Markierungen auf den Schnittteilen beachten sowie die Angaben zu Stoffbrüchen und Fadenlauf. Siehe auch Tipps und Tricks.

Jersey für das Hemd
- 2x Vorderteil 3a
- 1x Rückenteil 3b im Bruch
- 2x Ärmel 3c
- 2x Passe 3d im Bruch

Stoff für Knopfleiste und Kragen
- 2x Kragen 3e im Bruch
- 2x Knopfleiste 3f

Bündchenware
2x Streifen Ärmelbündchen 3g

Stoff für Paspeln
- 2x Paspelstreifen vorn, je 12 x 2,5 cm
- 1x Paspelstreifen hinten, 30 x 2,5 cm

Bügeleinlage
- 2x Kragen 3e im Bruch
- 2x Knopfleiste 3f

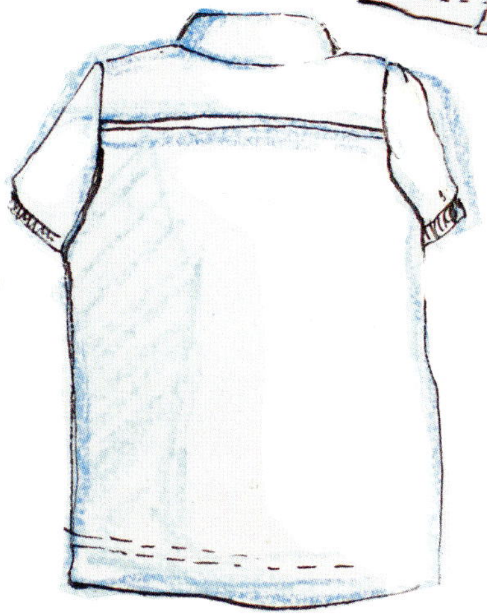

SO WIRD'S GEMACHT

Zuschneiden und Vorbereiten

1 Alle Teile zuschneiden. Kanten versäubern. Siehe auch Tipps und Tricks.

2 Vlieseinlage auf die linken Seiten der vorgesehenen Schnittteile aufbügeln (Kragen, Knopfleiste).

Kragenvorbereitung und Schulterpasse

3 Das Hemd wird nun genauso genäht wie das Polokleid. Folge daher an dieser Stelle den Schritten 3–8 von der Anleitung „Bequemes Polokleid" auf Seite 20. Bei der Schulterpasse werden jedoch noch Paspelstreifen eingearbeitet. Das geht so:

Schulterpasse mit Paspeln nähen

4 Alle Paspelstreifen in Längsrichtung links auf links zusammenfalten, flach bügeln und an den Nahtzugaben einer der Passen rechts auf rechts festheften (an der Rücken- und an den Vorderseiten). Siehe Tipps und Tricks.

5 Die Passe, die mit Paspeln versehen wurde, mit der rechten Seite nach oben bereitlegen. Darauf wird nun das Rückenteil rechts auf rechts und Schnittkante auf Schnittkante platziert. Zuletzt legt man die zweite Passe mit der rechten Seite auf die linke Seite des Rückenteils, ebenfalls Schnittkante auf Schnittkante. Das Rückenteil liegt nun zwischen beiden Passen wie in einem Sandwich. Dabei liegt die Paspel wiederum zwischen der Außenseite des Rückenteils und der Außenpasse. An dieser Kante werden nun alle drei Teile, inklusive der Paspel, zusammengenäht.

6 Beide Passen nach oben bügeln. Sie liegen links auf links aufeinander.

7 Anschließend die Schulternähte der Vorderteile mit den Schulternähten der Passen verbinden. Die Anordnung der Lagen bleibt dabei so wie beim Rückenteil, wir empfehlen jedoch, in zwei Schritten zu arbeiten: Vorderteile rechts auf rechts an die Schulternaht der Außenpasse (mit Paspel) nähen. Danach Innenpasse um das gesamte Vorderteil herumdrehen und rechts auf links annähen, zurückwenden.

Knopfleiste, Kragenverarbeitung und Fertigstellen

8 Nun geht es wie beim Polokleid mit der Knopfleiste weiter. Folge daher an dieser Stelle den Schritten 9–20 von der Anleitung „Bequemes Polokleid" auf Seite 20–22.

SHORTS FÜR COOLE JUNGEN

Größe: 98/104/110/116/122/128/134 • **Schwierigkeitsgrad:** • Schnittmuster 4a–4e auf Schnittmusterbogen D

MATERIAL

Stoffe

- Jersey für die Hose, 47/49/51/54/57/61/61 cm bei einer Breite von 150 cm
- je nach Geschmack Reste von kontrastfarbenem Jersey für die Taschen (die Taschen können aber auch aus dem gleichen Stoff gearbeitet werden)

Zubehör

- farblich passendes Nähgarn
- Gummiband für den Taillenbund 2,5 cm breit, für die Länge den Bauchumfang des Kindes ausmessen

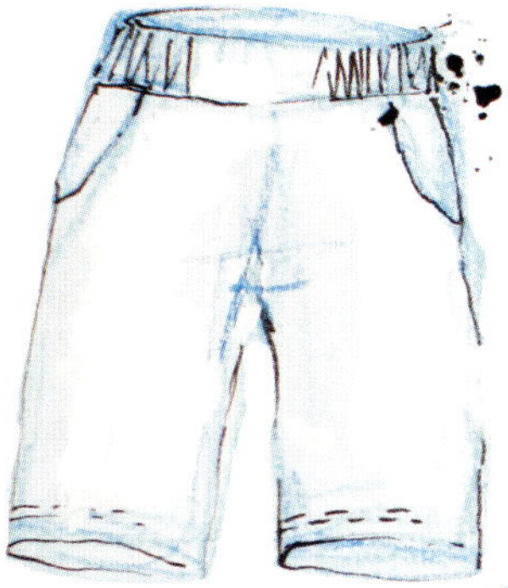

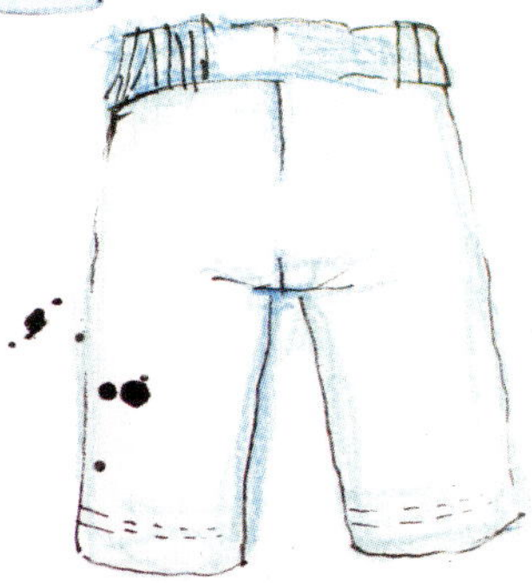

DIE DESIGNERIN

Kathrin
Ich komme aus einem kleinen Dorf in der Nähe von Osnabrück. Nach meinem Designstudium bin ich nach Hamburg gezogen, wo ich nun seit fast 10 Jahren lebe und arbeite.

Von der Käsetheke zum Stoffregal
Tja, wie es zu meinem Labelnamen „Käselotti" kam, weiß ich nicht mehr so ganz genau. Die Käselotti gibt es auf jeden Fall wirklich und sie war in meiner Kindheit die Verkäuferin an der Käsetheke im einzigen Supermarkt im Dorf. Mittlerweile in Rente, singt sie zusammen mit meiner Mutter im Chor, aber sie weiß bis heute nichts von ihrem Spitznamen und von ihrer „Berühmtheit"...

Erste Näherfahrung mit hippen Schlaghosen
Als Teenager habe ich mir immer gern bunte Keile in meine Hosenbeine genäht, weil ich so auf Schlaghosen stand. Später habe ich mir dann auch eigene Hosen und sogar eine Lederjacke genäht.

Mit Tierportemonnaies fing alles an
Zuerst habe ich Stoffe für kleine Portemonnaies in Tierform entworfen. Die habe ich dann auf einem Designmarkt in Münster verkauft. Da sprach mich meine Standnachbarin an, der meine Stoffe so gut gefielen. Sie gab mir den Anstoß, meine Stoffe mit erfahrenen Firmen gemeinsam zu vertreiben. Ich bin immer noch dankbar über ihren Rat!

Tiere als Inspiration
Ich finde Tiere total inspirierend, denn ich liebe Tiere einfach und viele von ihnen haben einen solchen Witz, dass es einfach gute Laune macht. Das kann man nicht wirklich beschreiben, man muss es sehen. Ich hoffe, dass ich es schaffe, diesen Humor in meinen Zeichnungen zu transportieren und die gute Laune unter all den fleißigen Näherinnen zu verbreiten.

ZUSCHNITT

Nahtzugaben sind im Schnittmuster nicht enthalten. Wenn nicht anders angegeben, 7 bis 8 mm Nahtzugabe hinzufügen (füßchenbreit).
Bitte die Markierungen auf den Schnittteilen beachten sowie die Angaben zu Stoffbrüchen und Fadenlauf. Siehe auch Tipps und Tricks.

Jersey Hose
- 2x Vorderhose 4a
- 2x Hinterhose 4b

Jersey Taschen
- 2x Taschenbeutel 1 (innen liegend) 4c
- 2x Taschenbeutel 2 (außen sichtbar) 4d

Bündchenware
- 1x Streifen Taillenbündchen 4e im Bruch

SO WIRD'S GEMACHT

Zuschneiden und Vorbereiten

1 Alle Teile zuschneiden. Kanten versäubern. Siehe auch Tipps und Tricks.

Zusammensetzen der Taschen

2 Vorderhose und Taschenbeutel 1 an der Kante des Tascheneingriffs rechts auf rechts zusammennähen, wenden und die Kante flach bügeln.

3 Diese Taschenkante nun gemäß der Markierungen auf Taschenbeutel 2 positionieren und dort an der oberen Hosenkante und an der Seitennaht mit ein paar Stichen festheften. Außerdem den entstandenen Eingriff mit einer Stecknadel zustecken, damit die Teile bei der Weiterverarbeitung nicht verrutschen. Die Taschenbeutel liegen nun rechts auf rechts aufeinander.

4 Runde Außenkanten von Taschenbeutel 1 und 2 aufeinanderstecken und den Taschenbeutel rundum schließen (die Stecknadel kann nun wieder aus dem Tascheneingriff entfernt werden).

Zusammensetzen der Hose

5 Beide Vorderhosenteile rechts auf rechts aufeinanderstecken und die Schrittnaht schließen. Ebenso mit den beiden Teilen der Hinterhose verfahren. Es ist eine Vorderhose mit Taschen sowie eine Hinterhose entstanden.

6 Vorder- und Hinterhose nun rechts auf rechts aufeinanderlegen und die Seitennähte schließen.

7 Die Innenbeinnähte der Vorder- und Hinterhose werden in einer durchgängigen Naht geschlossen. Achtung, die Schrittnähte treffen hier genau aufeinander und sollten beim Nähen nicht verrutschen, sonst entsteht ein Versatz.

8 Anschließend die Saumzugaben der Hosenbeine einbügeln und mit einem elastischen Stich feststeppen (3-geteilter Zickzackstich, Geradstich mit Zwillingsnadel oder Coverstich; siehe auch Tipps und Tricks).

Annähen des Bündchens

9 Die kurzen Kanten des Bündchenstreifens rechts auf rechts aufeinanderlegen: 1 cm schließen, dann 1,5 cm Öffnung für das Einziehen des Gummibändchens aussparen, ab dort die Restnaht schließen. Aus dem Bündchenstreifen ist nun ein Kreis entstanden.
Diesen in Längsrichtung links auf links legen und in den Bruch bügeln.

10 Das Bündchen kann jetzt mit den Schnittkanten rechts auf rechts an die Oberkante der Hose genäht werden. Das sind dann drei Lagen, die miteinander verbunden werden. Achtung, die Einzugsöffnung für das Gummiband sollte dabei hinten innen sein!

11 Das Gummiband kann anschließend mithilfe einer Sicherheitsnadel eingezogen werden. Beim Zusammennähen der Enden des Gummibandes muss darauf geachtet werden, dass es an keiner Stelle verdreht im Bündchen liegt.

COOLES JUNGENSHIRT

Größe: 98/104/110/116/122/128/134 • **Schwierigkeitsgrad:** • Schnittmuster 5a-5e auf Schnittmusterbogen B

MATERIAL

Stoffe

- Jersey für das Shirt, 60/64/68/72/76/80/84 cm bei einer Stoffbreite von 150 cm
- Jersey für Knopfleiste und Kragen, 20 x 50 cm für alle Größen (sie können aber auch aus dem gleichen Stoff verarbeitet werden)

Bügeleinlage

- Vlieseline G 785 (oder ähnliche Qualität), 20 x 50 cm für alle Größen
- beidseitig klebendes Vliesband (z. B. Vliesofix T25, Breite 6 mm), 50 cm

Zubehör

- farblich passendes Nähgarn
- 3 Druckknöpfe, z. B. Kamsnaps

ZUSCHNITT

Nahtzugaben sind im Schnittmuster nicht enthalten. Wenn nicht anders angegeben, 7 bis 8 mm Nahtzugabe hinzufügen (füßchenbreit).
Achtung, die Längsseiten der Knopfleisten erhalten eine abweichende Nahtzugabe, nachfolgende Beschreibung beachten. Die Markierungen auf den Schnittteilen beachten sowie die Angaben zu Stoffbrüchen und Fadenlauf. Siehe auch Tipps und Tricks.

Jersey für das Shirt

- 1x Vorderteil 5a im Bruch
- 1x Rückenteil 5b im Bruch
- 2x Ärmel 5c

Jersey für Knopfleiste und Kragen

- 2x Kragen 5d im Bruch
- 2x Knopfleiste 5e im Bruch

Bügeleinlage

- 2x Kragen 5d im Bruch
- 2x Knopfleiste 5e im Bruch
- 1x Streifen zur Verstärkung der vorderen Mitte (diesen rundum 5 mm größer als Markierung für die Knopfleiste auf der vorderen Mitte zuschneiden)

HINWEIS

Die Designerin von diesem Modell ist Kathrin, mehr Informationen zu ihrer Person findest du auf Seite 29. Sie fand, dass die Shorts am besten in Kombination zu einem passenden Shirt aussehen, daher hat sie auch noch dieses Shirt entworfen. Die Kombi sitzt schön locker und ist daher perfekt zum Spielen und Herumtoben geeignet.

SO WIRD'S GEMACHT

Zuschneiden und Vorbereiten

1 Alle Teile zuschneiden. Beim Zuschnitt der Knopfleiste ist es ganz wichtig, dass die Nahtzugaben der Längsseiten 1,3 cm betragen (halbe Leistenbreite). Bitte beachten, dass hier der Zuschnitt für die Größen 116 und 122 identisch mit Größe 128 ist.

2 Alle Kanten versäubern. Siehe auch Tipps und Tricks.

3 Vlieseinlage auf die linken Seiten der vorgesehenen Schnittteile aufbügeln (Kragen, Knopfleiste).

4 Nun auf die linke Seite des Vorderteils den Streifen Vlieseinlage auf den für die Knopfleiste markierten Bereich aufbügeln (vordere Mitte). Er ragt rundum 5 mm über die Markierung hinaus.

Kragen vorbereiten

5 Beide Kragenteile rechts auf rechts aufeinanderlegen und an der Außenkante zusammennähen. Die Halslochnaht des Kragens bleibt dabei offen.

6 Die Nahtzugaben zurückschneiden und dabei auch die Innenecke über der kleinen Rundung in der vorderen Mitte bis kurz vor die Naht einknipsen. Kragen wenden und flach bügeln. Siehe auch Tipps und Tricks.

Knopfleistenverarbeitung

7 Knopfleistenteile in Längsrichtung links auf links falten und flach bügeln.

8 Vordere Mitte auf der rechten Seite des Vorderteils bis zum Ende der Knopfleiste mit einem Strich markieren.

9 Nun die Knopfleisten mit der Seite der Schnittkanten rechts auf rechts exakt an der vorderen Mitte positionieren und feststecken. Die Schnittkanten der rechten und linken Leiste stoßen dabei in der vorderen Mitte genau aneinander.

10 Die Leisten nun im Abstand der Nahtzugabe von 1,3 cm von der Oberkante bis genau auf das Schlitzende feststeppen. Dabei müssen beide Seiten auf einer Höhe enden und die Nähte müssen gut gesichert sein.

11 Anschließend wird die vordere Mitte eingeschnitten, jedoch nur bis ca. 2 cm vor das Ende der Knopfleiste. Ab dort wird diagonal nach links und rechts eingeknipst, jeweils bis 2 mm vor den letzten Stich der Leistennaht. Die Nahtzugabe in der vorderen Mitte am kurzen Ende der Leiste hat jetzt die Form eines Dreiecks.

12 Die Knopfleisten nun nach innen drehen, übereinanderlegen und aufeinander feststecken.

13 Für den nächsten Schritt den unteren Teil des Vorderteils nach oben wegklappen. Das eingeschnittene Dreieck der Nahtzugabe am Ende der Leiste wird wieder sichtbar und abschließend von Nahtende zu Nahtende auf den übereinanderliegenden Knopfleisten festgesteppt.
Hier ist es besonders wichtig, exakt zu arbeiten, denn sonst entstehen an den unteren Ecken der Knopfleiste Löcher.

14 Je nach Geschmack kann man zum Abschluss die Knopfleiste von außen rundum knappkantig absteppen und dabei die Nahtzugabenenden der Knopfleiste mit einer sichtbaren Ziernaht zusätzlich befestigen.

3

6

11

Kragenverarbeitung

15 Beachte hierzu auch die Beschreibungen und Bilder des Polokleides (Seite 21–22).

16 Vorderteil und Rückenteil rechts auf rechts aufeinanderlegen und die Schulternähte schließen.

17 Außenseite des Unterkragens rechts auf rechts an den Halsausschnitt stecken und festnähen (dabei Schulterknipse am Kragen beachten).

18 Obere Kante der Nahtzugabe von Halsloch und Knopfleiste abschrägen und anschließend die Nahtzugabe des Halsloches in den Kragen hineinbügeln.
Die Nahzugabe des Oberkragens, der noch unbefestigt ist, ebenfalls nach innen umbügeln.

19 Beidseitig klebendes Vliesband auf die Nahtzugabe des Halsloches aufbügeln und den Papierstreifen ablösen. Nun die eingebügelte Kante des Oberkragens genau auf der Halslochnaht mit dem Bügeleisen andrücken.

20 Den Oberkragen nun am Halsloch knappkantig feststeppen, ohne dass er dabei verrutscht. Wer möchte, kann bei diesem Arbeitsgang auch in einem Schritt den gesamten Kragen an der Außenkante absteppen. Das Shirt sieht nun aus wie auf dem Foto.

13

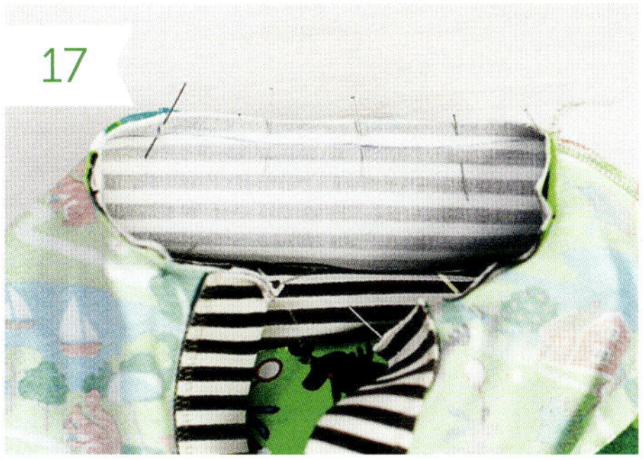
17

20

Shirt zusammensetzen

21 Die Ärmel mit der Armkugel ans Armloch stecken und festnähen. Dabei sollte der Ärmel oben liegen, denn das verhindert eine ungewollte Faltenbildung beim Nähen.

22 Nun werden die Unterarmnaht und die Seitennaht in einem Arbeitsgang geschlossen.

23 Saumnahtzugaben am Body und an den Ärmeln einbügeln und mit einem elastischen Stich feststeppen (3-geteilter Zickzackstich, Geradstich mit Zwillingsnadel oder Coverstich; siehe auch Tipps und Tricks).

24 Gleichmäßige Abstände für die Position der Druckknöpfe markieren und diese einnieten.

24

SÜSSES MÄDCHENSHIRT

Größe: 98/104/110/116/122/128/134 • **Schwierigkeitsgrad:** • Schnittmuster 6a–6e auf Schnittmusterbogen C

MATERIAL

Stoffe

- Jersey für das Shirt, 60/64/68/72/76/80/84 cm bei einer Stoffbreite von 150 cm
- Kontrastjersey für Knopfleiste und Kragen, 20 x 50 cm für alle Größen (sie können auch aus dem gleichen Stoff gearbeitet werden)

Bügeleinlage

- Vlieseline G 785 (oder ähnliche Qualität), 20 x 50 cm für alle Größen
- beidseitig klebendes Vliesband (z. B. Vliesofix T25, Breite 6 mm), 50 cm

Zubehör

- farblich passendes Nähgarn
- 3 Druckknöpfe, z. B. Kamsnaps

HINWEIS

Auch dieses Mädchenshirt hat Kathrin entworfen, mehr Informationen zu ihrer Person findest du auf Seite 29. Sie hat das Jungenshirt leicht abgewandelt und andere Stoffe verwendet, sodass auch die Mädchen dieses Shirt lieben.

ZUSCHNITT

Nahtzugaben sind im Schnittmuster nicht enthalten. Wenn nicht anders angegeben, 7 bis 8 mm Nahtzugabe hinzufügen (füßchenbreit).
Achtung, die Längsseiten der Knopfleisten erhalten eine abweichende Nahtzugabe, nachfolgende Beschreibung beachten.

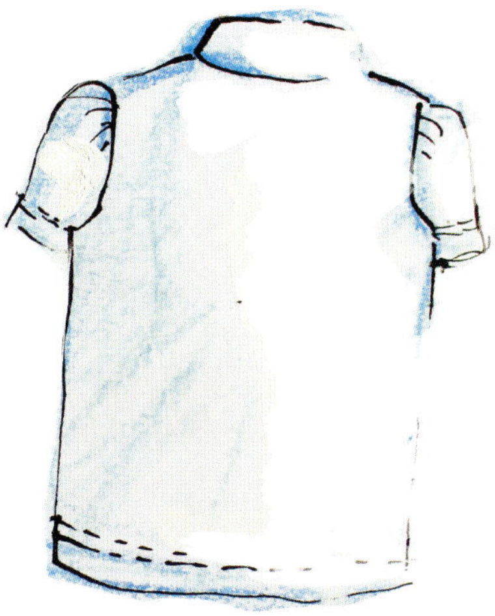

Die Markierungen auf den Schnittteilen beachten sowie die Angaben zu Stoffbrüchen und Fadenlauf. Siehe auch Tipps und Tricks.

Jersey für das Shirt

- 1x Vorderteil 6a im Bruch
- 1x Rückenteil 6b im Bruch
- 2x Ärmel 6c

Jersey für Knopfleiste und Kragen

- 2x Kragen 6d
- 2x Knopfleiste 6e im Bruch

Bügeleinlage

- 2x Kragen 6d
- 2x Knopfleiste 6e im Bruch
- 1x Streifen zur Verstärkung der vorderen Mitte (diesen rundum 5 mm größer als Markierung für die Knopfleiste auf der vorderen Mitte zuschneiden)

Dieses Mädchenshirt wird genauso gearbeitet, wie das coole Jungenshirt auf Seite 32–37. Folge dort den Schritten 1–20. Anders als dort sind aber bei diesem Shirt die Ärmel leicht gekräuselt. Daher muss vor dem Einsetzen der Ärmel die obere Armkugel zwischen den Markierungen eingekräuselt werden. Siehe auch Tipps und Tricks. Dann geht es weiter wie beim Jungenshirt.

SO WIRD'S GEMACHT

Zuschneiden und Vorbereiten

1 Alle Teile zuschneiden. Beim Zuschnitt der Knopfleiste ist es ganz wichtig, dass die Nahtzugaben der Längsseiten 1,3 cm betragen (halbe Leistenbreite). Hier ist außerdem zu beachten, dass es für die Größen 116–134 nur eine Größe gibt.

2 Alle Kanten versäubern. Siehe auch Tipps und Tricks.

3 Vlieseinlage auf die linken Seiten der vorgesehenen Schnittteile aufbügeln (Kragen, Knopfleiste).

4 Nun auf die linke Seite des Vorderteils den Streifen Vlieseinlage auf den für die Knopfleiste markierten Bereich aufbügeln (vordere Mitte). Er ragt rundum 5 mm über die Markierung hinaus.

Kragen und Knopfleiste verarbeiten

Kragen und Knopfleiste werden hier genauso wie bei dem Jungenshirt verarbeitet. Folge dafür auf Seite 34–35 den Schritten 5–20. Bevor die Ärmel eingesetzt werden, werden sie bei dem Mädchenmodell allerdings eingekräuselt. Das geht so:

Ärmel einkräuseln

21 Die Oberfadenspannung an der Nähmaschine lockern und eine große Stichlänge einstellen. Dann links und rechts von der späteren Naht entfernt (also ein halbes und anderthalb Füßchen breit von der Stoffkante entfernt) an der Armkugelkante zwei parallele Nähte setzen. Die Fäden lang abschneiden und die Ärmel einkräuseln. Die Ärmel mit der Armkugel ans Armloch stecken und festnähen. Dabei sollte der Ärmel oben liegen, denn das verhindert eine ungewollte Faltenbildung beim Nähen. Siehe auch Tipps und Tricks.

Shirt zusammensetzen

Nun geht es weiter wie beim Jungenshirt. Folge daher den Schritten 22–24 auf Seite 36.

BEQUEMER ROCK

Größe: 98/104/110/116/122/128/134 • **Schwierigkeitsgrad:** ✂ • Schnittmuster 7a–7c auf Schnittmusterbogen D

MATERIAL

Stoffe

- Jersey für den Rock, 32/36/41/48/50/52/54 cm bei einer Breite von 150 cm
- Bündchenware, 20 cm

Zubehör

- farblich passendes Nähgarn
- Gummiband für Taillenbund, 8 cm breit, für die Länge den Bauchumfang des Kindes ausmessen

HINWEIS

Auch diesen lockeren Rock hat Kathrin entworfen, auf Seite 29 kannst du mehr über sie lesen. Der Rock passt wunderbar zum Mädchenshirt, er ist ganz leicht zu nähen und daher auch für Anfänger gut geeignet.

ZUSCHNITT

Nahtzugaben sind im Schnittmuster nicht enthalten. Wenn nicht anders angegeben, 7 bis 8 mm Nahtzugabe hinzufügen (füßchenbreit).
Die Nahtzugabe am Rocksaum sollte nicht breiter als 1,5 cm sein, da der Saum sonst Falten bildet.
Bitte die Markierungen auf den Schnittteilen beachten sowie die Angaben zu Stoffbrüchen und Fadenlauf. Siehe auch Tipps und Tricks.

Jersey Rock

- 1x Vorderrock 7a im Bruch
- 1x Hinterrock 7b im Bruch

Bündchenware:

- 1x Streifen Taillenbündchen 7c im Bruch

SO WIRD'S GEMACHT

Zuschneiden und Vorbereiten

1 Alle Teile zuschneiden.

2 Alle Kanten versäubern. Siehe auch Tipps und Tricks.

Zusammensetzen des Rockes

3 Vorderrock und Hinterrock rechts auf rechts aufeinanderlegen und die Seitennähte schließen.

4 Nun die Saumzugabe einbügeln und mit einem elastischen Stich feststeppen (3-geteilter Zickzackstich, Geradstich mit Zwillingsnadel oder Coverstich; siehe auch Tipps und Tricks).

Annähen des Bündchens

5 Die kurzen Kanten des Bündchenstreifens rechts auf rechts aufeinanderlegen: 1 cm schließen, dann 1,5 cm Öffnung für das Einziehen des Gummibändchens aussparen, ab dort Restnaht schließen. Aus dem Bündchenstreifen ist ein Kreis entstanden. Diesen in Längsrichtung links auf links in den Bruch bügeln.

6 Das Bündchen jetzt mit den Schnittkanten rechts auf rechts an die Oberkante des Rocks nähen. Das sind nun drei Lagen, die miteinander verbunden werden. Achtung, die Einzugsöffnung für das Gummiband sollte dabei hinten innen sein!

Gummiband einziehen

7 Das Gummiband anschließend mithilfe einer Sicherheitsnadel einziehen. Beim Zusammennähen der Enden des Gummibandes muss darauf geachtet werden, dass es an keiner Stelle verdreht im Bündchen liegt.
Wer den Bund mit einer Kordel oder einem Gummi zum Knoten verarbeiten möchte, setzt in der vorderen Mitte vom Bündchen vor dem Annähen zwei Knopflöcher in einem Abstand von 2-3 cm. Damit sich diese leichter einarbeiten lassen, empfehlen wir, die Rückseite vom Bündchen an dieser Stelle mit Vlieseinlage zu verstärken.

Den Rock kann man noch nach Belieben dekorieren. Wir haben Blümchen aus dem Stoff ausgeschnitten, aus dem wir das zugehörige Shirt genäht haben – so bilden Rock und Shirt ein süßes Ensemble. Die Blümchen werden mit einem doppelseitigen dünnen Vlies (Vliesofix) verstärkt, aufgebügelt und dann mit der Maschine aufgenäht (siehe auch Tipps und Tricks).

SCHWUNGVOLLES PASSENKLEID

Größe: 98/104/110/116/122/128/134 • **Schwierigkeitsgrad:** ✂✂✂

Schnittmuster 8a, 8d, 8f, 8h, 8i, 8j auf Schnittmusterbogen A, Schnittmuster 8b, 8c, 8e, 8g, 8k auf Bogen D

MATERIAL

Stoffe
- Jersey für das Kleid, 90/95/100/105/115/120/125/130 cm bei einer Breite von 150 cm
- kontrastfarbener Jersey für Passe und Saumblende, 25 cm bei einer Breite von 150 cm
- Stoffrest für Zierknopfleiste, etwa 15 x 7 cm
- Jersey für die Knopfschlinge, 3 x 10 cm
- Bündchenware für Ärmelbündchen, 20 cm

Bügeleinlage
- Vlieseline G 785 (oder ähnliche Qualität), 12 x 5 cm

Zubehör
- farblich passendes Nähgarn
- 3–4 Knöpfe

DIE DESIGNERIN

Pamela
Als Kommunikationsdesignerin hatte ich ja immer schon einen Bezug zum „Schönen". Mit der Geburt meines ersten Sohnes habe ich dann irgendwann Mamas Nähmaschine ausgeliehen. Die ersten selbstgenähten Ergebnisse waren natürlich noch nicht so berauschend, ein Nähkurs hat dann so richtig den Knoten platzen lassen. Aber ich fand in Deutschland einfach keine schönen Jerseystoffe. Da war mir klar, dass ich selbst welche entwerfen wollte.

Der Weg zu „enemenemeins"
Als mein Traum dann irgendwann wahr wurde und ich meine ersten Stoffe produzieren lassen konnte, brauchte ich noch unbedingt einen Namen für mein Label. An einem langen Abend irgendwann im Jahr 2012 habe ich mit einer Freundin und meinem damaligen Mann darüber gegrübelt. Wir haben im Spaß allerlei Namensideen in den Raum geworfen. Geworden ist es dann „enemenemeins" – der Bezug zum Kinderreim „ene mene miste..." hat mir gleich gut gefallen.

Mit Handyfotos Inspirationen einfangen
Meine Ideen kommen mir überall. Ich gehe mit offenen Augen durch den Alltag. Wer mit mir unterwegs ist, muss darauf gefasst sein, dass ich plötzlich das Handy zücke und ein Foto von einer bestimmten Textur, einer Pflanze oder einer zufällig gefundenen Farbkombination mache. Zudem fliegen bei mir überall Skizzenbücher herum, die ich Stück für Stück mit Bleistiftzeichnungen fülle – später finden dann Farben und Ideen zusammen. Manchmal auch mitten in der Nacht, weil mir vorm Schlafengehen gerade noch der zündende Gedanke kommt.

ZUSCHNITT

Nahtzugaben sind im Schnittmuster nicht enthalten. Wenn nicht anders angegeben, 7 bis 8 mm Nahtzugabe hinzufügen (füßchenbreit).
Bitte die Markierungen auf den Schnittteilen beachten sowie die Angaben zu Stoffbrüchen und Fadenlauf. Siehe auch Tipps und Tricks.

Jersey für das Kleid
- 1x Vorderrock 8a im Bruch
- 1x Hinterrock 8b im Bruch
- 2x Ärmel 8c

Jersey für Passe und Saumblende und Taschen
- 2x Passe vorn 8d im Bruch
- 4x Passe hinten 8e im Bruch
- 1x Blende vorn 8f im Bruch
- 1x Blende hinten 8g im Bruch
- 2x Tascheneingriff 8h
- 2x Taschenbeutel 8i

Zierknopfleiste
- 2x Zierknopfleiste 8j

Jersey für Knopfschlinge
- Streifen 10 x 3 cm
  Die kurze Seite liegt im Fadenlauf.

Bündchenware
- 2x Ärmelbündchen 8k

Bügeleinlage
- 1x Zierknopfleiste 8j

SO WIRD'S GEMACHT

Zuschneiden und Vorbereiten

1 Alle Teile zuschneiden.

2 Jerseystreifen für die Knopfschlaufe herstellen: Zieht man den Streifen wie ein Gummiband in die Länge, entsteht durch das Einrollen der Schnittkanten ein schönes Jerseybändchen.

3 Alle Kanten versäubern. Siehe auch Tipps und Tricks.

Vorbereitung der Zierknopfleiste

4 Auf die linke Seite einer der Zierknopfleisten-Teile Vlieseinlage aufbügeln; das sorgt für Formstabilität.

5 Beide Teile der Zierknopfleiste rechts auf rechts aufeinanderlegen und an den Außenkanten zusammennähen (lange Seiten sowie die Rundung). Die kurze obere Seite bleibt zum Wenden offen. Beim Nähen hier eine kurze Stichlänge verwenden, z. B. 2 mm. So kann die Rundung feiner ausgearbeitet werden und die Nahtzugabe reißt später nicht aus. Nun die Nahtzugabe an der Rundung einknipsen.

6 Knopfleiste wenden und flach bügeln.

Verarbeitung von Passe, Vorder- und Rückenteil

7 Zierknopfleiste auf die vordere Mitte der Außenpasse stecken und knappkantig aufnähen.

8 Beide vorderen Passenteile rechts auf rechts legen und am Halsausschnitt schließen. Nahtzugabe zurückschneiden, wenden und den Ausschnitt flach bügeln.

9 Beide hinteren Teile der Außenpasse rechts auf rechts legen und die hintere Mitte bis zum Schlitzende schließen (Markierung auf dem Schnittteil). Ebenso mit den Teilen der hinteren Innenpasse verfahren.

10 Nun die hintere Innen- und Außenpasse am Halsloch sowie am Schlitz rechts auf rechts aufeinanderlegen. Dabei platziert man die vorbereitete Knopfschlinge zwischen den beiden Lagen am oberen Schlitzende und steckt sie fest.

11 Hinteres Halsloch und Schlitz werden nun in zwei Schritten zusammengesteckt und geschlossen: zunächst linkes Halsloch und linke Seite vom Schlitz exakt bis zum Schlitzende und danach die rechte Seite vom Schlitz und das rechte Halsloch. Siehe auch Tipps und Tricks.
Achtung: Die Nahtzugabe vom Schlitz wird immer zur anderen Seite weggelegt, sie wird nicht übernäht. Dadurch erhält man einen sehr sauberen Abschluss für das Schlitzende. Hintere Passe wenden und Halsausschnitt flach bügeln.

12 Jetzt kommt ein schwieriger Teil: das Ansetzen der gerundeten Passennaht an das Rockteil. Wir haben uns hier für die fortgeschrittene, saubere Innenverarbeitung entschieden, bei der innen keine offene Nahtzugabe sichtbar ist. Dafür die untere Kante der hinteren Außenpasse rechts auf rechts auf die obere Kante des hinteren Rockteils legen. Da die Form beider Kanten sehr unterschiedlich ist, einmal nach innen und einmal nach außen gerundet, müssen die Kanten sehr genau aufeinandergezogen und gut festgesteckt werden. Es kann helfen, die Nahtzugabe des Rockteils dabei einzuknipsen, damit sich die Kante besser in eine Rundung legen lässt. Nach dieser Vorbereitung nun die Kanten aneinanderheften. Siehe auch Tipps und Tricks.

13 Nun ebenso die untere Kante der hinteren Innenpasse rechts auf LINKS auf die obere Kante des hinteren

Rockteils legen und stecken. Der Rock liegt wie in einem Sandwich zwischen beiden Passenteilen. Die drei Lagen zusammennähen und das Rückenteil auf rechts wenden.

14 Jetzt die Oberkante des Vorderrocks einkräuseln. Siehe auch Tipps und Tricks. Nach dem Kräuseln entspricht die Länge der Strecke zwischen den Knipsen am Kleid der Strecke zwischen den Knipsen an der Passe (Markierung Schnittteil).

2

10.1

10.2

12.1

12.2

13

14.1

14.2

15 Die vordere Passe wird jetzt genauso an den Vorderrock genäht, wie zuvor die hintere Passe an den Hinterrock (siehe Punkt 12 und 13).
Es sind ein fertiges Vorder- und Rückenteil für das Kleid entstanden.

16 Abschließend die vorderen und hinteren Schulternähte rechts auf rechts aufeinanderstecken und zusammennähen (Innenpasse auf Innenpasse und Außenpasse auf Außenpasse). Dabei wird die Schulternaht der Innen- und Außenpasse jeder Schulter mit einer durchgehenden Naht geschlossen.
Diese Naht kreuzt den Halslochpunkt, über den hinweggenäht wird.

Fertigstellen des Kleides

17 Die obere Kante der Armkugeln etwas einkräuseln. Die Knipse von Armkugel und Armloch müssen später übereinstimmen (Markierungen Schnittteil). Siehe auch Tipps und Tricks.

18 Die Ärmel nun mit der Armkugel ans Armloch stecken und festnähen. Dabei sollte der Ärmel oben liegen, denn das verhindert eine ungewollte Faltenbildung beim Nähen. Außerdem kann man so beim Annähen den Faltenwurf der Kräuselung an der Armkugel besser kontrollieren.

19 Auf die gleiche Art werden die Säume von Vorder- und Rückenteil mit den entsprechenden Blenden verarbeitet.

20 Vorder- und Rückenteil des Kleides aufeinanderlegen und die Unterarmnaht sowie die Seitennaht in einem Arbeitsgang schließen.

21 Vor dem Ansetzen der Ärmelbündchen wird die untere Kante des Ärmelsaums zwischen den Markierungen (siehe Schnittteil) etwas eingekräuselt. Siehe auch Tipps und Tricks.

22 Dann werden die Streifen für die Ärmelbündchen an den kurzen Seiten rechts auf rechts zu einem Kreis geschlossen. Anschließend die Bündchen Kante auf Kante links auf links halbiert flach bügeln und danach leicht gedehnt rechts auf rechts am Ärmelsaum annähen. Siehe auch Tipps und Tricks.

23 Die vordere und hintere Saumblende rechts auf rechts aufeinanderlegen und an den Seitennähten zu einem Kreis schließen. Die untere Kante der Blende nun rechts auf LINKS an die untere Kante des Kleides stecken und dort festnähen. Dabei darauf achten, dass die Seitennähte der Blende auf die Seitennähte des Kleides treffen und beim Nähen nicht verrutschen. Blende nach außen wenden und untere Kante flach bügeln.

24 Nahtzugabe der oberen Blendenkante nach innen umbügeln und die Blende flach und ohne Falten am Kleid feststecken. Obere Kante der Blende knappkantig aufsteppen.

25 Je nach Geschmack kann man nun das Kleid noch mit Taschen verzieren. Die Schnittteile dafür finden sich auf dem Schnittmusterbogen. Dazu den Tascheneingriff an der Umbruchkante falten und bügeln, sodass die rechte Seite außen ist. Dann die offene Kante rechts auf rechts an die obere Kante des Taschenbeutels stecken und festnähen, bügeln und die Tasche auf dem Vorderteil des Kleides positionieren und festnähen.

26 Knöpfe an der Zierleiste und der Schlitzöffnung annähen.
Tipp: Vor allem bei einfarbigen Stoffen wirkt es besonders hübsch, wenn man das Kleid noch zusätzlich durch Applikationen verziert. Ob Blümchen oder Herzen wie auf dem blauen Passenkleid oder Schmetterlinge, Vögel, Käfer, Buchstaben... da sind der Fantasie keine Grenzen gesetzt!

Einfach die Applikation mit einem dünnen Vlies (Vliesofix) verstärken, aufbügeln und mit einem kleinen Zickzackstick fixieren. So wird das Kleid zu einem unverwechselbaren Lieblingsstück!

1000 KG
SUPER
100 KG
STRONG!

WITZIGE UNTERWÄSCHE

FARBENFROHE JUNGENUNTERWÄSCHE

Größe: 98/104/110/116/122/128/134 • **Schwierigkeitsgrad:** ✂✂ • Schnittmuster 9a–9e auf Schnittmusterbogen A

MATERIAL

Stoffe
- Jersey für das Hemd, 40/40/45/45/50/55/60 cm
- Jersey für die Shorts, 30/30/35/35/40/40/45 cm

Zubehör
- farblich passendes Nähgarn
- Gummiband für Taillenbund, 1,5 cm breit, Länge am Körper abmessen

DIE DESIGNERIN

Daniele
Ich lebe in dem schönen Hannover und habe dort eine eigene Stofffirma, „lillestoff".

Aus der Not ein Erfolg
Als ich Mutter wurde, wollte ich für meinen Sohn etwas nähen und fand nicht die passenden Stoffe. Da habe ich gedacht, das mach ich selbst!

Skandinavische Muster als Inspiration
Die Suche nach einem Labelnamen war gar nicht so schwierig, denn die skandinavischen Stoffe haben mir immer so gut gefallen. Da kam ich auf „lillestoff", das ist zusammengesetzt aus „lille" – schwedisch für klein und „Stoff". Das passte gut, weil wir uns anfangs auf Kindersachen spezialisiert hatten.

Ich liebe meinen Job!
Das Tolle an meiner Arbeit ist, dass ich jeden Tag neue Designs sehe und immer neue Marketingideen umsetzen kann. Was gibt es Schöneres?

Wenn ich Zeit habe, setze ich mich auch selbst an die Nähmaschine
Dann nähe ich Kleidung für meinen Sohn und selbstverständlich auch Kleider oder Shirts für mich. Das Nähen hat mir meine Oma beigebracht, als ich 8 Jahre alt war. Zuerst habe ich nur Kissen und Platzdeckchen genäht. Mit 14 habe ich dann angefangen, für mich zu nähen.

Große Vorbilder
Ich bin ein Fan von Vivian Westwood und Aenne Burda. Beide sind mutige Frauen, die keine Angst haben bzw. hatten, auch unkonventionelle Wege zu gehen. Die Biographie von Aenne Burda finde ich sehr spannend. Ich hätte sie sehr gerne einmal persönlich kennengelernt.

ZUSCHNITT

Nahtzugaben sind im Schnittmuster nicht enthalten. Wenn nicht anders angegeben, 7 bis 8 mm Nahtzugabe hinzufügen (füßchenbreit). Bitte die Markierungen auf den Schnittteilen beachten sowie die Angaben zu Stoffbrüchen und Fadenlauf. Siehe auch Tipps und Tricks.

Jersey für das Hemd

- 1x Vorderteil 9a im Bruch
- 1x Rückenteil 9b im Bruch
- 2x Armlochbündchen 9c
- 1x Ausschnittbünchen 9d im Bruch

Jersey für die Shorts

- 2x Hosenbein 9e

SO WIRD'S GEMACHT

Zuschneiden und Vorbereiten

1 Alle Teile zuschneiden.

2 Alle Kanten versäubern. Siehe auch Tipps und Tricks.

Hemd

3 Vorderteil und Rückenteil rechts auf rechts aufeinanderlegen und zunächst nur eine Schulternaht schließen.

4 Ausschnittbündchen rechts auf rechts und Kante auf Kante am kompletten Halsausschnitt feststecken und annähen. Dabei genau die Breite der Nahtzugabe einhalten, damit der Streifen für die nächsten Verarbeitungsschritte nicht zu schmal wird.

5 Es folgen zwei Bügelschritte: Zuerst den Streifen hoch- und gleichzeitig die Nahtzugaben in den Streifen hineinbügeln, dann den Streifen über die Kante der Nahtzugaben hinweg nach innen umbügeln. Danach den Streifen von der rechten Seite aus mit Stecknadeln feststecken.

6 Jetzt kann die Kante der Einfassung von der rechten Seite aus mit einem elastischen Stich abgesteppt werden. Siehe auch Tipps und Tricks. Diese Naht befestigt gleichzeitig auch die hintere Seite des Streifens, die im Schritt zuvor dafür vorbereitet wurde.

7 Nun die zweite Schulter, wieder rechts auf rechts, schließen.

8 Anschließend erfolgt die Einfassung der Armlöcher auf die gleiche Weise wie die des Halsloches (Beschreibung Punkt 2 bis 4).

9 Vorder- und Rückenteil rechts auf rechts aufeinanderlegen und die Seitennähte schließen.

10 Anschließend die Saumnahtzugabe einbügeln und mit einem elastischen Stich feststeppen (3-geteilter Zickzackstich, Geradstich mit Zwillingsnadel oder Coverstich; siehe auch Tipps und Tricks).

Shorts

11 Beide Hosenteile rechts auf rechts aufeinanderlegen. Von der Oberkante aus beginnend mit einer durchgehenden Naht die vordere Mitte bis zum Schlitzbeginn, dann den Über- und Untertritt für den Schlitz an deren Außenkanten sowie im Fortlauf die Schrittnaht schließen.

12 Hosenteile auffalten und mit der linken Seite nach oben legen. Der entstandene „Lappen", den Über- und Untertritt bilden, nun flach zu einer Seite bügeln und dort feststecken.

13 Von der rechten Seite der Hose aus feststeppen. Für eine sportliche Optik kann man eine doppelte Steppung setzen oder einen Zierstich verwenden.

14 Nun die hintere Schrittnaht von oben aus wie folgt zusammennähen: 1 cm schließen, dann 1,5 cm Öffnung für das Einziehen des Gummibändchens aussparen, ab dort Restnaht schließen.

15 Anschließend die Innenbeinnähte beider Hosenbeine rechts auf rechts mit einer durchgehenden Naht schließen. Die vordere und hintere Schrittnaht treffen dabei genau aufeinander.

16 Nun die Saumnahtzugaben an den Hosenbeinen und am Taillenbund einbügeln und mit einem elastischen Stich feststeppen (3-geteilter Zickzackstich, Geradstich mit Zwillingsnadel oder Coverstich; siehe auch Tipps und Tricks).

17 Das Gummiband nun mithilfe einer Sicherheitsnadel einziehen. Beim Zusammennähen der Enden des Gummibandes muss darauf geachtet werden, dass es an keiner Stelle verdreht im Tunnel liegt.

KG
SUPE

1000 KG
SUPER
100 KG
STRONG!

1000 KG
SUPER
100 KG

BUNTE MÄDCHENUNTERWÄSCHE

Größe: 98/104/110/116/122/128/134 • **Schwierigkeitsgrad:** • Schnittmuster 10a–10h auf Schnittmusterbogen B

MATERIAL

Stoffe

- Jersey für das Trägerhemd, 40/40/45/45/50/55/60 cm
- Jersey für den Slip, 30/30/35/35/40/40/45 cm

Zubehör

- farblich passendes Nähgarn
- Gummiband für Taillenbund
- nach Bedarf Zwillingsnadel für Jerseystoff

ZUSCHNITT

Nahtzugaben sind im Schnittmuster nicht enthalten. Wenn nicht anders angegeben, 7 bis 8 mm Nahtzugabe hinzufügen (füßchenbreit).
Bitte die Markierungen auf den Schnittteilen beachten, sowie die Angaben zu Stoffbrüchen und Fadenlauf. Siehe auch Tipps und Tricks.

Jersey für das Trägerhemd

- 1x Vorderteil 10a im Bruch
- 1x Rückenteil 10b im Bruch
- 1x Ausschnittbündchen hinten 10c im Bruch
- 1x Ausschnittbündchen vorne 10d im Bruch
- 2x Armlochbünden 10e

Jersey für den Slip

- 1x Slip vorne 10f im Bruch
- 1x Slip hinten 10g im Bruch
- 2x Slip Einsatz 10h im Bruch

SO WIRD'S GEMACHT

Zuschneiden und Vorbereiten

1 Alle Teile zuschneiden.

2 Alle Kanten versäubern. Siehe auch Tipps und Tricks

Trägerhemd

1 Einfassung des Ausschnitts am Vorderteil und am Rückenteil einzeln nacheinander vornehmen. Streifen für die Einfassung rechts auf rechts und Kante auf Kante an der Ausschnittkante feststecken und annähen. Dabei sehr genau die Breite der Nahtzugabe einhalten, damit nicht zu viel vom Streifen weggenommen wird. Er wird sonst zu schmal für die nächsten Verarbeitungsschritte.

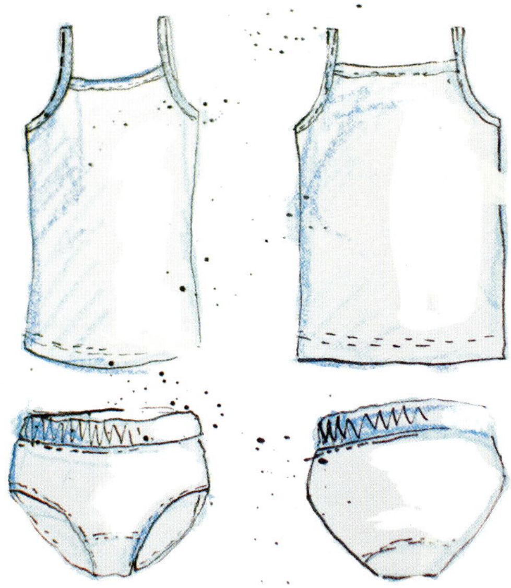

2 Es folgen zwei Bügelschritte. Zuerst den Streifen hoch- und gleichzeitig die Nahtzugaben in den Streifen hineinbügeln. Den Streifen über die Kante der Nahtzugaben hinweg nach innen umbügeln. Danach den Streifen von der rechten Seite aus mit Stecknadeln feststecken.

3 Anschließend die Kante der Einfassung von der rechten Seite aus mit einem elastischen Stich absteppen. Siehe auch Tipps und Tricks. Diese Naht befestigt gleichzeitig auch die hintere Seite des Streifens, die im Schritt zuvor dafür vorbereitet wurde.

4 Anschließend erfolgt die Einfassung der Armlöcher auf die gleiche Weise wie die des Halsloches. Dabei entstehen zwischen Vorder- und Rückenteil aus dem freiliegenden Teil der Einfassungsstreifen die Träger.
Je einen Streifen wie unter Punkt 1 beschrieben rechts auf rechts an je einem hinteren Armloch bis zur Markierung befestigen. Dann ebenfalls von der anderen Seite der Streifen diese am entsprechenden vorderen Armloch befestigen. Vorderteil und Rückenteil sind nun durch die beiden Einfassstreifen miteinander verbunden. Wer sicher gehen möchte, dass die Trägerlänge stimmt, kann vor dem Annähen ans Vorderteil eine Anprobe vornehmen.

5 Die weitere Verarbeitung der Streifen erfolgt nun wie unter Punkt 2 und 3 beschrieben. Dabei werden mit der letzten durchgehenden Steppnaht auch die Träger zu flachen Bändchen geschlossen. Achtung: Diese sollten vorher gut gebügelt werden, damit die Kante der Nahtzugabe des hinteren Einschlags später nicht von rechts zu sehen ist!

6 Vorder- und Rückenteil rechts auf rechts aufeinanderlegen und die Seitennähte schließen.

7 Zum Schluss die Saumnahtzugabe einbügeln und mit einem elastischen Stich feststeppen (3-geteilter Zickzackstich, Geradstich mit Zwillingsnadel oder Coverstich; siehe auch Tipps und Tricks).

Slip

8 Beide Einsatzteile links auf links aufeinanderlegen und rundum zusammenheften. Siehe Tipps und Tricks.

9 Vorderteil des Slips rechts auf rechts auf die vordere Kante des Einsatzes stecken und zusammennähen. Nahtzugabe nach oben in den Slip hineinbügeln und mit einer elastischen Naht von rechts flach steppen (einfacher Zickzackstich, Geradstich mit Zwillingsnadel oder Coverstich; siehe auch Tipps und Tricks).

10 Auf die gleiche Art das hintere Slipteil mit der hinteren Kante des Einsatzes verbinden.

11 Vorderen und hinteren Slip nun rechts auf rechts aufeinanderlegen und die Seitennähte zusammennähen. Dabei an der oberen Kante einer beliebigen Seite Folgendes beachten: 1 cm schließen, dann 1,5 cm Öffnung für das Einziehen des Gummibändchens aussparen, ab dort Restnaht schließen.

12 Anschließend Taillenbund einbügeln und mit einem elastischen Stich feststeppen (3-geteilter Zickzackstich, Geradstich mit Zwillingsnadel oder Coverstich; siehe auch Tipps und Tricks).

13 Jetzt kann die Nahtzugabe an den Beinausschnitten nach links umgebügelt, festgesteckt und ebenfalls mit einem elastischen Stich festgesteppt werden (3-geteilter Zickzackstich, Geradstich mit Zwillingsnadel oder Coverstich; siehe auch Tipps und Tricks).

14 Das Gummiband wird mithilfe einer Sicherheitsnadel eingezogen. Beim Zusammennähen der Enden des Gummibandes muss darauf geachtet werden, dass es an keiner Stelle verdreht im Tunnel liegt.

GEMÜTLICHER JUMPSUIT

Größe: 98/104/110/116/122/128/134 • **Schwierigkeitsgrad:**

Schnittmuster 11a, 11c, 11e auf Schnittmusterbogen C, Schnittmuster 11b, 11d, 11f auf Bogen D

MATERIAL

Stoffe

- Jersey für den Anzug, 120/125/130/135/140/145/150 cm bei einer Breite von 150 cm
- Kontrastjersey für Innenkapuze, Knopfleiste und Tunnelzug, 35/37/39/41/43/45/47 cm bei einer Breite von 150 cm

Bügeleinlage

- Vlieseline G 785 (oder ähnliche Qualität) für die Knopfleiste und vordere Mitte, 2x je 4 cm und 1x 30/32/34/35/38/40/42 cm
- doppelseitig klebendes Vliesband für die Kapuze (z. B. Vliesofix T25, Breite 6 mm), 52/53/54/55/56/57 cm

Zubehör

- farblich passendes Nähgarn
- 5 Druckknöpfe, z. B. Kamsnaps
- 130–140 cm Kordel für den Tunnelzug (oder Jerseykordel, siehe auch Tipps und Tricks)
- 2 Ösen

DIE DESIGNERIN

Diana

Ich lebe mit meiner vierköpfigen Familie in Eckernförde an der Ostsee. Auf die Idee zu meinem Labelnamen kam ich durch meine Tochter Mia. Sie ist ein Maikind und ihre erste Lieblingsfarbe war grün. So kam ich auf „Mia Maigrün".

Umweg über Grafikdesign

Zum Ende der Schulzeit wusste ich, dass ich beruflich etwas Kreatives machen wollte. Kunst war schon immer mein Lieblingsfach. Meinen Textildesignjob habe ich allerdings erst über Umwege gefunden. Ich habe Grafikdesign studiert und danach diverse Praktika in Werbeagenturen gemacht, aber das war nicht das Richtige für mich. Daher habe ich mich auf Modeillustration konzentriert und in einer Firma für Mode und Heimtextilien meine ersten Muster entworfen. Da habe ich sofort gemerkt: das ist genau meins!

Ich bin ein visueller Mensch

Ich lasse meine Blicke schweifen und finde immer etwas, was mich anregt. Egal ob es schöne Blumenarrangements sind, alte Kinderbücher, Tapeten oder Stoffe von früher oder Gemaltes von meinen Kindern – alles, was ich schön finde, taucht irgendwie in meinen Designs wieder auf.

Es ist toll, Hobby und Beruf miteinander zu verbinden

Oftmals weiß ich schon beim Entwerfen eines Stoffes ganz genau, was ich mir daraus nähen möchte. Der spannendste Moment ist für mich, wenn ich die einzeln gezeichneten Elemente in den Rapport setze und sich dann ein schönes, gleichmäßiges Muster ergibt.

Das ganze Haus wird zum Arbeitsplatz

Mittlerweile habe ich meinen Arbeitsplatz überall im ganzen Haus verteilt... mal sitze ich im Wohnzimmer am Laptop oder ich zeichne abends auf der Couch oder im Bett. Meine Nähecke und mein Stofflager sind oben auf dem Dachboden, da ist es allerdings sehr chaotisch, weil unsere Kinder auch am liebsten dort spielen und ich meine Stoffe zwischen Ritterburg und Prinzessinnenschloss zuschneide.

ZUSCHNITT

Nahtzugaben sind im Schnittmuster nicht enthalten. Wenn nicht anders angegeben, 7 bis 8 mm Nahtzugabe hinzufügen (füßchenbreit).
Die Markierungen auf den Schnittteilen beachten sowie die Angaben zu Stoffbrüchen und Fadenlauf. Siehe auch Tipps und Tricks.
Der Jumpsuit kann mit 3 verschiedenen Ärmellängen genäht werden, siehe Schnittmusterbogen.

Jersey für den Jumpsuit
- 2x Vorderteil 11a
- 2x Rückenteil 11b
- 2x Ärmel 11c
- 2x Kapuze (außen) 11d

Kontrastjersey
- 2x Kapuze (innen) 11d
- 2x Knopfleiste 11e im Bruch
- 1x Tunnelzug 11f im Bruch

Bügeleinlage
- 2x Knopfleiste 11e im Bruch
- Reste der Einlage für das Ende der Knopfleiste in den vorderen Mitten sowie für die Verstärkung des Tunnelzugs an den Ösen

SO WIRD'S GEMACHT

Zuschneiden und Vorbereiten

1 Alle Teile zuschneiden.

2 Die Markierungen für den Tunnelzug müssen auf die rechte Stoffseite von Vorder- und Rückenteil übertragen werden.

3 Den Streifen für den Tunnelzug mit einer Nahtzugabe von nur 2 mm zuschneiden, da er offenkantig aufgenäht wird.

4 Alle Kanten versäubern, bis auf den Streifen für den Tunnelzug. Siehe auch Tipps und Tricks.

Verarbeitung von Vorder-, Rückenteil und Tunnelzug

5 Nahtzugabe der vorderen Mitten am unteren Ende der Knopfleiste (siehe Markierung Schnittteil) mit Bügeleinlage verstärken (ca. 2 x 2 cm). Diese Stelle wird später eingeschnitten und durch die Einlage vor dem Ausreißen geschützt.

6 Beide Vorderteile rechts auf rechts aufeinanderlegen und die vordere Schrittnaht schließen. Die gesamte Länge der vorderen Mitte bleibt für die Leistenverarbeitung offen.

7 Nun die hintere Mitte der Rückenteile rechts auf rechts zusammennähen.

8 Ein Vorderteil und einen Ärmel an der vorderen Ärmelnaht (Raglannaht) rechts auf rechts aufeinanderstecken und die Naht schließen. Dabei auf die Knipse im Schnittmuster achten, da man die vordere und hintere Raglannaht leicht verwechseln kann. Auf die gleiche Art den zweiten Ärmel an das andere Vorderteil annähen.

9 Anschließend die hinteren Ärmelnähte (Raglannähte) rechts auf rechts an das Rückenteil stecken und nähen.

10 Jetzt werden in einem Arbeitsgang die Unterarmnaht und die Seitennaht geschlossen. Das Vorderteil und das Rückenteil liegen dabei rechts auf rechts aufeinander.

11 Tunnelzug: An der Stelle, an der die Ösen eingeschlagen werden sollen, auf die linke Seite des Streifens ein kleines Stück Einlage aufbügeln, um ein späteres Einreißen zu vermeiden. Ösen einschlagen.

12 Jetzt kann der Tunnelzug links auf rechts auf dem entstandenen Korpus aus Vorder- und Rückenteil festgesteckt und knappkantig aufgesteppt werden, gemäß den zuvor übertragenen Markierungen.

Knopfleisten

13 Bügeleinlage auf die linke Seite der Streifen für die Knopfleiste aufbügeln.

14 Nun die Streifen in Längsrichtung links auf links falten und flach bügeln.

15 Dann wird je eine Knopfleiste mit ihrer langen Schnittkantenseite rechts auf rechts an die vordere Mitte je eines Vorderteils gesteckt und von der Oberkante der Leiste bis exakt zum Schlitzende festgesteppt. Dabei die Nahtenden gut sichern. Zur Kontrolle: Die Nähte, mit denen die Leistenstreifen soeben festgenäht wurden, enden nun 1 cm unterhalb der zuvor geschlossenen Schrittnaht und liegen 1 cm davon nach innen versetzt.

16 Nahtzugabe der Vorderteile am unteren kurzen Ende der Leisten (Übergang zur Schrittnaht): Innenecke diagonal bis kurz vor das Ende der Leistennaht einschneiden, sodass ein kleines Dreieck entsteht.

17 Die Knopfleisten nun in ihre endgültige Position umklappen, übereinanderlegen und aufeinander feststecken. Das Nahtzugaben-Dreieck wird am Ende des Leistenstreifens festgeheftet oder -gesteckt.

18 Im nächsten Schritt das Vorderteil mit der rechten Seite nach oben hinlegen und den unteren Teil nach oben wegklappen. Das Dreieck wird wieder sichtbar und kann nun von Nahtende zu Nahtende auf den übereinanderliegenden

Knopfleisten festgesteppt werden. Anschließend kontrollieren, ob die Naht rund um die Leisten vollständig geschlossen ist und an den unteren Ecken der Knopfleiste durch die Einschnitte keine Löcher entstanden sind.

19 Die Knopfleiste sollte jetzt so aussehen wie auf dem Foto.

20 Je nach Geschmack kann man zum Abschluss die Knopfleiste von außen rundum knappkantig absteppen und dabei die Nahtzugabenenden der Knopfleiste mit einer sichtbaren Ziernaht zusätzlich befestigen.

Kapuze

21 Zuerst werden an allen Kapuzenteilen die Abnäher genäht. Siehe auch Tipps und Tricks.

22 Anschließend jeweils die beiden Innen- und Außenteile rechts auf rechts aufeinanderlegen und die Kapuzenmittelnaht schließen, sodass zwei einzelne Kapuzenteile entstehen (je eine Innen- und eine Außenkapuze).

23 Die Kapuzen nun an der Außenkante rechts auf rechts aufeinanderlegen, zusammennähen, wenden und die Kante flach bügeln.

24 Die noch offene Seite der Außenkapuze rechts auf rechts an das Halsloch des Bodys stecken und annähen. Dabei auf die Markierungen im Schnittmuster achten!

25 Die Nahtzugaben der eben geschlossenen Halslochnaht in die Kapuze hineinbügeln sowie die noch offene Kante der Innenkapuze nach links umbügeln.

26 Jetzt das Vliesband auf die Nahtzugabe der bereits geschlossenen Halslochnaht aufbügeln. Anschließend den Papierstreifen des Vliesbandes ablösen und von oben die Innenkapuze mit der eingebügelten Kante andrücken und festbügeln.

27 Im letzten Verarbeitungsschritt die Halslochnaht der Kapuze von oben knappkantig absteppen. Darauf achten, dass sie dabei nicht verrutscht.

Fertigstellen

28 Zuerst die Innenbeinnähte der vorderen und hinteren Hosenbeine schließen.

29 Saumnahtzugaben an den Ärmeln und Beinen einbügeln und mit einem elastischen Stich feststeppen (3-geteilter Zickzackstich, Geradstich mit Zwillingsnadel oder Coverstich; siehe auch Tipps und Tricks).

30 Mithilfe einer kleinen Sicherheitsnadel oder einer Stopfnadel jetzt die Kordel in den Tunnel einziehen. Siehe auch Tipps und Tricks.

31 Zum Schluss in gleichmäßigen Abständen die Position für die Druckknöpfe markieren und diese einnieten.

22

23

24

26

31.1

31.2

LEICHTE SOMMERBEANIE

Größe: Kopfumfang 48-50/51-53/54-56 cm • **Schwierigkeitsgrad:**
Schnittmuster 12a–12b auf Schnittmusterbogen A

MATERIAL

Stoffe
- Jersey für Mütze, 20/25/30 cm
- Bündchenware oder Jersey für den Mützenbund, 20 cm, Breite je nach Kopfumfang zuschneiden

Zubehör
- farblich passendes Nähgarn

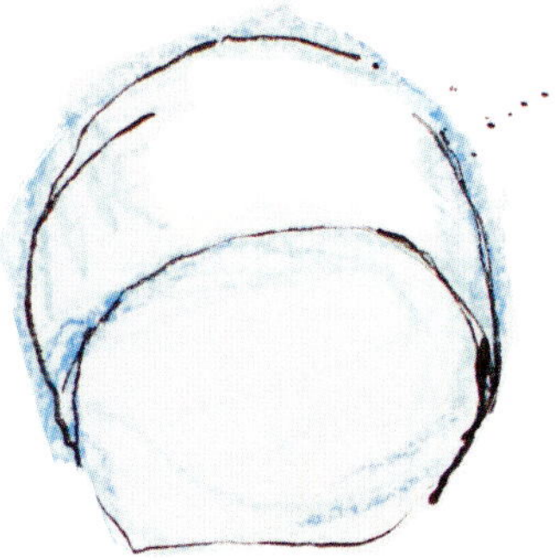

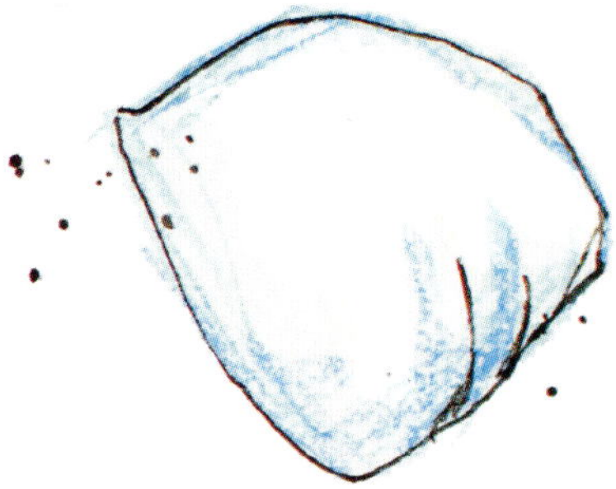

DIE DESIGNERIN

Jasmin
Ich arbeite in meinem eigenen Stoffgeschäft in Wolfsburg, wenn ich nicht gerade Stoffdesigns entwerfe oder etwas Schönes nähe.

Verschollen im Näwahna
Zu meinem Label gibt es eine lustige Geschichte: Mein erstes Nähzimmer war in einem kleinen Anbau an unserem Haus, fernab von Handy- und Internetempfang. Wenn meine Freundinnen angerufen haben, sagte mein Mann zu ihnen: Jasmin ist schon wieder im Nähwahna verschollen. Da war klar, dass ich mein Label so nennen wollte!

Vom Aktenberg zur Nähmaschine
Mein Berufsleben war jahrelang von staubigen Akten und trockenem Paragraphenreiten geprägt und es ist für mich ein wahrer Segen, dass ich in den kreativen Bereich gewechselt habe. Jeder einzelne Tag ist bunt, fröhlich und kreativ. Am tollsten finde ich es, dass ich am Ende des Tages wirklich etwas in der Hand halte, das ich geschaffen habe.

Ein neuer Geistesblitz – und schon entsteht ein Stoffmuster
Bei mir beginnt alles mit einem Geistesblitz. Wann der kommt, weiß man nie. Manchmal beim Spielen mit meinem Neffen oder wenn ich mit einem Eis in der Hand am See sitze oder mitten in der Nacht. Plötzlich habe ich eine Idee und oft dann auch schon das fertige Design vor Augen.

Stoffe nicht nur für Kinder
Ich nähe mir aus meinen Stoffen auch eigene Kleidung, meistens bunte Shirts oder Leggings. Wenn das Stoffdesign aber nicht erwachsenentauglich ist, nähe ich für meinen Neffen und meine Nichte.

ZUSCHNITT

ACHTUNG: In diesem Schnitt ist die Nahtzugabe von 6 mm schon enthalten! Bitte die Markierungen auf den Schnittteilen beachten sowie die Angaben zu Stoffbrüchen und Fadenlauf. Siehe auch Tipps und Tricks.

Jersey für die Mütze

- 1x Beanie 12a im Bruch

Bündchenware oder Jersey

- 1x Streifen für den Mützenbund 12b im Bruch

SO WIRD'S GEMACHT

Zuschneiden und Vorbereiten

1 Alle Teile zuschneiden.

2 Alle Kanten versäubern. Siehe auch Tipps und Tricks.

Mütze zusammensetzen

3 Die äußeren beiden Spitzen wie einen Abnäher rechts auf rechts stecken und in Richtung Spitze zusammennähen. Siehe auch Tipps und Tricks.

4 Nun wird die Mütze von der vorderen Mitte aus rechts auf rechts gefaltet, sodass die Kanten, inklusive der Bögen, aufeinanderliegen. Dabei treffen die bereits geschlossenen Nähte genau aufeinander. Sie sollten gut mit Stecknadeln fixiert werden, damit sie beim Nähen nicht verrutschen. Die Nahtzugaben werden in entgegengesetzte Richtungen gelegt.

5 Die Kanten zusammenstecken und die Naht bis in die Spitze hinein schließen.
Der Mützenteil ist jetzt fertig.

Bündchen annähen

6 Bündchenstreifen der Länge nach links auf links falten und flach bügeln.

7 Um die individuelle Passform sicherzustellen, jetzt überprüfen, ob das Bündchen in seiner vorgegebenen Länge gut am Kopf sitzen würde. Ist das Bündchen zu weit, kann man es eventuell noch etwas kürzen, damit die Mütze später nicht rutscht.

8 Bündchenstreifen wieder auffalten, an den kurzen Seiten rechts auf rechts und Kante auf Kante aufeinanderlegen und den Streifen zu einem Ring schließen.

9 Diesen Ring anschließend am zuvor eingebügelten Bruch wieder links auf links zusammenklappen.

10 Dann wird das Bündchen rechts auf rechts und gedehnt an die Kante der Mütze genäht. Siehe auch Tipps und Tricks.

11 Zum Schluss wird die hintere Mützennaht im Nacken für einen lässigen Sitz gerafft: Dafür die Nahtzugabe auf einer Länge von ca. 4 bis 5 cm kurz oberhalb des Bündchens mit ein paar Handstichen heften und den Faden zusammenziehen, sodass sich der Mützenstoff etwas kräuselt.

NIEDLICHES RAGLANKLEID

Größe: 98/104/110/116/122/128/134 • **Schwierigkeitsgrad:**

Schnittmuster 13a, 13c, 13d, 13e auf Schnittmusterbogen B, Schnittmuster 13b auf Bogen A

MATERIAL

Stoffe

- Jersey für das Kleid, 80/87/94/101/108/112/119 cm bei einer Breite von 150 cm
- Bündchenware, 50 cm
- nach Geschmack Jerseyreste zum Verzieren des Ausschnitts

Zubehör

- farblich passendes Nähgarn
- nach Geschmack Knöpfchen zum Verzieren des Ausschnitts

HINWEIS

Dieses Raglankleid hat ebenfalls Jasmin entworfen, auf Seite 65 kannst du mehr über sie erfahren. Das Kleid sitzt schön locker und ist schnell zu nähen. Daher ist es auch ein tolles Projekt für Nähanfängerinnen!

ZUSCHNITT

Nahtzugaben sind im Schnittmuster nicht enthalten. Wenn nicht anders angegeben, 7 bis 8 mm Nahtzugabe hinzufügen (füßchenbreit).
Bitte die Markierungen auf den Schnittteilen sowie die Angaben zu Stoffbrüchen und Fadenlauf beachten. Siehe auch Tipps und Tricks.

Jersey für das Kleid

- 1x Vorderteil 13a im Bruch
- 1x Rückenteil 13b im Bruch
- 2x Ärmel 13c

Bündchenware

- 2x Bündchenstreifen für Ärmel 13d
- 1x Bündchenstreifen für den Halsausschnitt 13e im Bruch

SO WIRD'S GEMACHT

Zuschneiden und Vorbereiten

1 Alle Teile zuschneiden, dabei bitte die Ärmellänge überprüfen.

2 Alle Kanten versäubern. Siehe auch Tipps und Tricks

Kleid zusammensetzen

3 Vorderteil und einen Ärmel an der vorderen Ärmelnäht (Raglannaht) rechts auf rechts aufeinanderstecken und die Naht schließen. Dabei auf die Knipse im Schnittmuster achten, da man die vordere und hintere Raglannaht leicht verwechseln kann.
Auf die gleiche Art den zweiten Ärmel an das Vorderteil annähen.

4 Nun wird zunächst nur ein Ärmel mit der hinteren Ärmelnaht rechts auf rechts an das Rückenteil genäht. Die zweite hintere Ärmelnäht bleibt noch offen.

5 Den Bündchenstreifen für das Halsloch in Längsrichtung links auf links in den Bruch bügeln. Die Länge des Bündchens ist kürzer als das Halsloch, denn das Bündchen wird gedehnt an den Halsausschnitt gesteckt und festgenäht. Siehe auch Tipps und Tricks.

5

6 Anschließend auch die zweite hintere Ärmelnaht schließen. Hierbei darauf achten, dass die Enden der Bündchen am Halsausschnitt nicht verrutschen, damit ein sauberer Abschluss ohne Versatz entsteht.

7 Jetzt werden in einem Arbeitsgang die Unterarmnaht und die Seitennaht geschlossen. Das Vorderteil und das Rückenteil liegen dabei rechts auf rechts aufeinander.

8 Nun werden die Ärmelbündchen vorbereitet: Bündchenstreifen dafür an der Längsseite rechts auf rechts zu einem Kreis schließen, wenden. Nun das Bündchen in der Hälfte links auf links nach innen falten und den Bruch einbügeln. Je nach Geschmack können die Ärmelbündchen auch weggelassen werden.

9 Im Anschluss die Ärmelbündchen nun rechts auf rechts und leicht gedehnt an den Ärmelsaum nähen. Siehe auch Tipps und Tricks.

10 Nahtzugabe am Kleidersaum einbügeln und mit einem elastischen Stich feststeppen (3-geteilter Zickzackstich, Geradstich mit Zwillingsnadel oder Coverstich; siehe auch Tipps und Tricks).

11 Wer Lust hat, kann nun das Kleid am Ausschnitt noch verzieren. Für unser Modell wurde ein schmaler Jerseystreifen auf den Halsausschnitt gesteppt sowie ein Zierknöpfchen angenäht.

Wenn dir die Verzierung unseres Modells gefällt, dann findest du unter Tipps und Tricks die Beschreibung, wie man eine Jerseykordel herstellt. Diese wird dann ganz einfach zu kleinen „Schnecken" gedreht und in freien Formen übernäht, bzw. aufgesteppt. Wir haben das dann noch mit Zierknöpfen ergänzt und Blumenstängel mit der Nähmaschine aufgenäht.

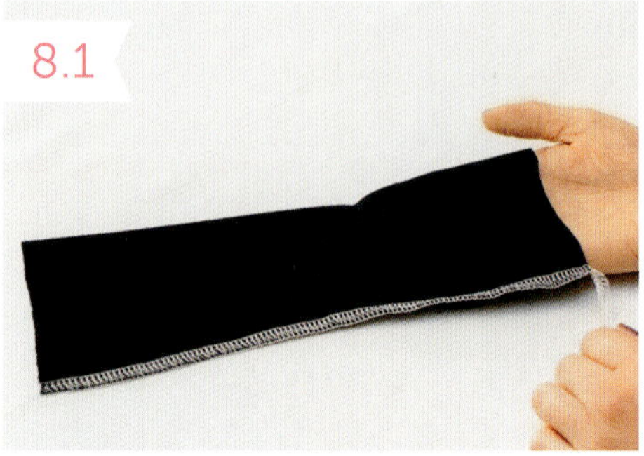

8.1

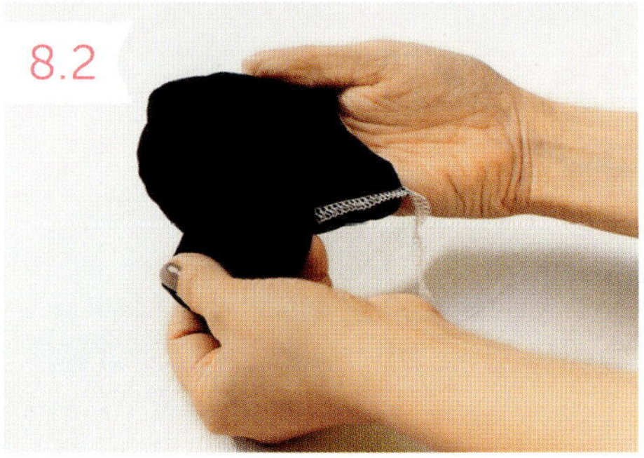

8.2

8.3

10

SPORTLICHES RAGLANSHIRT

Größe: 98/104/110/116/122/128/134 • **Schwierigkeitsgrad:** ✂ • Schnittmuster 14a-14e auf Schnittmusterbogen C

MATERIAL

Stoffe

- Jersey für das Shirt (inklusive Ärmel), 70/74/78/82/86/90/94 cm bei einer Breite von 150 cm
- je nach Geschmack Kontrast-Jersey für die Ärmel, 40/42/44/46/48/50/52 cm bei einer Breite von 150 cm (dann wird entsprechend weniger von dem Grundstoff benötigt)
- Bündchenware, 50 cm

Zubehör

- farblich passendes Nähgarn

ZUSCHNITT

Nahtzugaben sind im Schnittmuster nicht enthalten. Wenn nicht anders angegeben, 7 bis 8 mm Nahtzugabe hinzufügen (füßchenbreit).
Die Markierungen auf den Schnittteilen beachten sowie die Angaben zu Stoffbrüchen und Fadenlauf. Siehe auch Tipps und Tricks.

Jersey für das Shirt

- 1x Vorderteil 14a im Bruch
- 1x Rückenteil 14b im Bruch
- 2x Ärmel 14c

HINWEIS

Dies ist sozusagen eine „kurze Version des Raglankleides und damit auch jungentauglich! Es wurde ebenfalls von Jasmin entworfen, über die du auf Seite 65 mehr Informationen finden kannst. Dieses sportliche Shirt ist schnell zu nähen und super bequem. Natürlich kann man es aus einem anderen Stoff auch für Mädchen anfertigen.

Bündchenware

- 2x Bündchenstreifen für Ärmel 14d
- 1x Bündchenstreifen für den Halsausschnitt 14e im Bruch

Das Shirt wird genauso wie das Raglankleid genäht, siehe die Beschreibung auf Seite 70–72. Wir haben hier einen sportlichen Stoff mit Motiven verwendet, der vor allem den Jungen gut gefällt. Aber natürlich passt dieses Shirt auch wunderbar in eine Mädchengarderobe, wenn man den Stoff entsprechend auswählt! Ein einfarbiges Shirt kann man übrigens mit hübschen Applikationen aus Stoffresten aufhübschen und auf diese Weise tolle Effekte erzielen! Dafür das Motiv einfach mit einem doppelseitigen dünnen Vlies (Vliesofix) verstärken, aufbügeln und dann mit der Maschine festnähen (siehe auch Tipps und Tricks). Mit einem Herz, einem Auto oder dem Namen des Kindes auf der Brust wird das Shirt zu einem unverwechselbaren Kleidungsstück. Da sind der Fantasie keine Grenzen gesetzt!

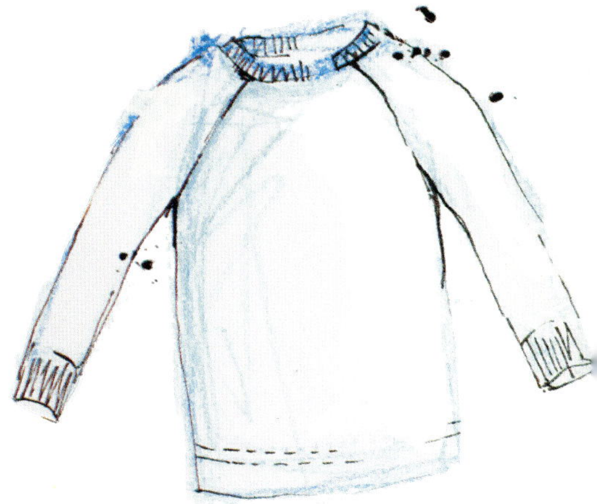

FRECHES WICKELKLEID

Größe: 98/104/110/116/122/128/134 • **Schwierigkeitsgrad:**
Schnittmuster 15a, 15f, 15g auf Schnittmusterbogen D, Schnittmuster 15b-15e auf Bogen A

MATERIAL

Stoffe
- Jersey für das Kleid, 90/95/100/105/110/115/120 cm bei einer Breite von 150 cm
- evtl. Jersey für Saum- und Ärmelblenden, 15 cm
- evtl. Jersey für Ausschnittblende (Bordüre), 15 cm
- nach Geschmack Ringeljersey für Zierpaspeln, 10 cm

Zubehör
- farblich passendes Nähgarn

DIE DESIGNERIN

Orike
Ich komme aus Hannover und bin Textildesignerin mit eigener textiler Siebdruckerei. Meine Stoffe vertreibe ich unter dem Label „orike muth design".

Schon als Kind von schönen Stoffen begeistert
Meine Mutter erzählte mal, dass ich von einem Kindergeburtstag kam und von der farbenprächtigen Tischdecke ganz hingerissen war. Davon habe ich ihr detailliert berichtet.

Ein Leben mit Farben und Mustern
Ich liebe es, meine Freude zu Farben und Mustern leben zu dürfen und mit ihnen Schönheit in die Welt zu setzen!

Inspiration aus der asiatischen Musterwelt
Asiatische Muster faszinieren mich sehr und in meinen Stoffen findet man Anklänge davon. Aber ich lasse mich auch von ungewöhnlichen Flohmarktfunden inspirieren!

Bei den ersten Nähversuchen ging eine ganz schöne Menge Stoff drauf
... denn das Nähen habe ich mir selbst beigebracht. Ich habe einfach eine Hose auf den Stoff gelegt und drum herum geschnitten, um festzustellen, dass es nicht passt. Ein Freund und ein Praktikum in der Opernkostümschneiderei haben dem Ganzen den letzten Schliff verpasst.

Genähtes wandert auch in den eigenen Kleiderschrank
Inzwischen nähe ich aus meinen eigenen Stoffen auch etwas für mich, Röcke und Oberteile zum Beispiel. Und auf meinem Sofa liegen eine Menge Kissen aus meiner Feder.

ZUSCHNITT

Nahtzugaben sind im Schnittmuster nicht enthalten. Wenn nicht anders angegeben, 7 bis 8 mm Nahtzugabe hinzufügen (füßchenbreit).
Bitte die Markierungen auf den Schnittteilen beachten sowie die Angaben zu Stoffbrüchen und Fadenlauf. Siehe auch Tipps und Tricks.

Jersey für das Kleid
- 1x Vorderteil rechts 15a
- 1x Vorderteil links 15b
- 1x Rückenteil 15c im Bruch
- 2x Ärmel 15d

Jersey für die Saum- und Ärmelblenden
- 2x Ärmelblende 15e
- 1x Saumblende vorn 15f im Bruch
- 1x Saumblende hinten 15g im Bruch

Jersey für Ausschnittblende (Bordüre)
- 1x Blende für den Halsausschnitt in beliebiger Breite, Länge an das Schnittteil anpassen

SO WIRD'S GEMACHT

Zuschneiden und Vorbereiten

1 Alle Teile zuschneiden. Wenn für den Halsausschnitt der Originalstoff verwendet wird, bitte auf das Muster der Bordüre achten. Das Schnittteil muss exakt darauf positioniert werden.

2 Unser Modell wurde an den Blenden für Ärmel und Saum zusätzlich noch mit einer Paspel aus Ringeljersey versehen. Wer es ebenso machen möchte, schneidet dafür ca. 2 cm breite Streifen daraus zu und bügelt diese links auf links in den Bruch. Um die Streifen später leichter annähen zu können, empfehlen wir, sie an den Schnittkanten zusammenzuheften oder mit der Overlock zusammen zu versäubern. Siehe Tipps und Tricks.

3 Alle Kanten versäubern. Siehe auch Tipps und Tricks.

Verarbeitung von Vorder- und Rückenteil

4 Rechtes und linkes Vorderteil rechts auf rechts auf das Rückenteil legen und die Schulternähte schließen.

5 Nun wird die Ausschnittblende angesetzt. Dafür zunächst den Blendenstreifen rechts auf rechts und Kante auf Kante entlang der Ausschnittkante festnähen.

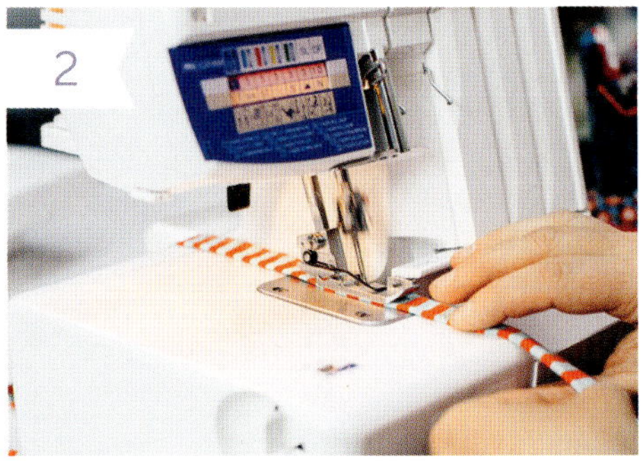
2

6

10

11.1

11.2

6 Anschließend im ersten Schritt die Nahtzugabe nach oben in den Blendenstreifen bügeln und im zweiten Schritt den Streifen nach hinten innen umbügeln, sodass von außen eine gleichmäßig breite Blende entsteht (ca. 1 cm). Diese wird von außen im Nahtschatten festgenäht. Siehe auch Tipps und Tricks.

7 Alternativ kann man die Ausschnittblende auch wie ein Bündchen annähen. Dabei sollte man dann allerdings beachten, dass sie leicht gedehnt angenäht werden muss, damit sich der Ausschnitt später nicht wellt.

8 Die Ärmel nun mit der Armkugel ans Armloch stecken und festnähen. Dabei sollte der Ärmel oben liegen, denn das verhindert eine ungewollte Faltenbildung beim Nähen.

9 Um das Schließen der Seitennähte zu erleichtern, können nun Über- und Untertritt des Vorderteils (rechtes und linkes Vorderteil) gemäß der Markierung auf dem Schnittmuster aneinandergeheftet werden. Siehe auch Tipps und Tricks.
Es ist korrekt, dass der Untertritt schmaler ist als der Übertritt, da das Vorderteil so insgesamt eine bessere Passform hat.

Verarbeitung Ärmel- und Saumblende

10 Die untere Kante der Blende nun rechts auf rechts an die untere Kante des Ärmels nähen.

11 Nahtzugabe der oberen Kante der Blende nach links umbügeln und die Blende links auf rechts auf dem Ärmel feststecken. Soll die Blende mit Ringelpaspel verarbeitet werden, wird der Paspelstreifen nun zwischen der Blendenkante und dem Ärmel mitgefasst. Blendenkante knappkantig feststeppen.

12 Auf die gleiche Art werden die Säume von Vorder- und Rückenteil mit den entsprechenden Blenden verarbeitet.

Fertigstellen des Kleides

13 Vorder- und Rückenteil des Kleides rechts auf rechts aufeinanderlegen und die Seitennähte und Unterarmnähte in einem Arbeitsgang schließen. Dabei unbedingt darauf achten, dass die Übergänge zu den Blenden genau aufeinanderpassen und beim Nähen nicht verrutschen, damit kein Versatz entsteht.

VIELSEITIGES BASICSHIRT

Größe: 98/104/110/116/122/128/134 • **Schwierigkeitsgrad:** • Schnittmuster 16a–16e auf Schnittmusterbogen B

MATERIAL

Stoffe

- Jersey für das Shirt, 70/74/78/82/86/90/94 cm, bei einer Stoffbreite von 150 cm
- Bündchenware, 20 cm

Zubehör

- farblich passendes Nähgarn

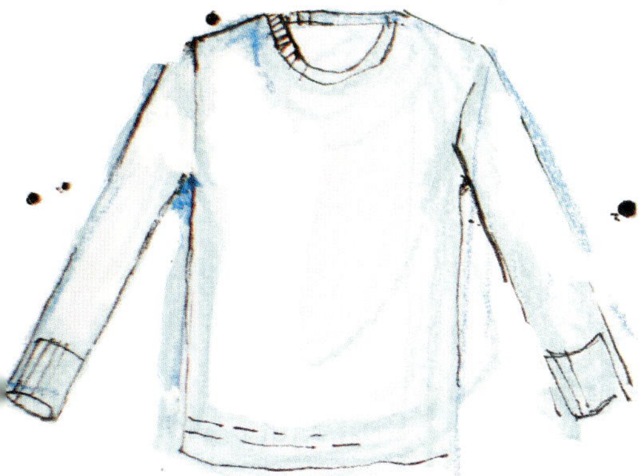

DIE DESIGNERIN

Verena
Ich heiße Verena Münstermann und lebe im deutschsprachigen Teil von Belgien. Meine Stoffe vertreibe ich unter meinem eigenen Namen. Sieh mal in meinen Blog „Jodysart", dort erfährst du mehr darüber.

Stoffe sind ein tolles Material
Sie sind so vielfältig, man kann damit so kreativ sein und so viele Emotionen ausdrücken. Daher entwerfe ich sie nicht nur, sondern nähe auch selber, auch für mich. Meistens nähe ich T-Shirts, Taschen oder Loops.

Immer mit Skizzenblock unterwegs
Die Ideen kommen mir oft sehr spontan. Im Alltag, bei einem Spaziergang oder auch mal beim Einkaufen. Ich sehe irgendwas, eine Blume, ein Tier und ein Bild entsteht vor meinem inneren Auge. Deshalb habe ich auch meistens einen Skizzenblock und einen Stift dabei.

Ein Leben zwischen Zeichnungen und Stoffen
Mein Schreibtisch ist leider oft sehr chaotisch und ich verbringe viel zu viel Zeit damit, alles wieder aufzuräumen. Ich mache gerne Skizzen oder suche Dokumentationen und dann stapeln sich die Blätter, Stifte und Bücher. Manchmal kommen dann auch noch Pinsel und verschiedene Farbtuben dazu.

Kreativ sein ist alles!
Ich liebe es, dass ich mich in meinem Job so herrlich kreativ austoben kann. Es macht mir Spaß, mit neuen Materialien zu arbeiten oder neue Techniken zu erlernen. Außerdem mag ich es, meinen Alltag selber gestalten zu können und auch mal mitten in der Nacht anzufangen zu arbeiten.

ZUSCHNITT

Nahtzugaben sind im Schnittmuster nicht enthalten. Wenn nicht anders angegeben, 7 bis 8 mm Nahtzugabe hinzufügen (füßchenbreit).
Die Markierungen auf den Schnittteilen beachten sowie die Angaben zu Stoffbrüchen und Fadenlauf. Siehe auch Tipps und Tricks.

Jersey für das Shirt

- 1x Vorderteil 16a im Bruch
- 1x Rückenteil 16b im Bruch
- 2x Ärmel 16c

Bündchenware

- 2x Bündchenstreifen für Ärmel 16d
- 1x Bündchenstreifen für den Halsausschnitt 16e im Bruch

SO WIRD'S GEMACHT

Zuschneiden und Vorbereiten

1 Alle Teile zuschneiden. Hinweis: Es ist richtig, dass die hintere Schulter ein wenig länger ist als die vordere. Sie wird beim Zusammennähen etwas eingehalten. Das sorgt für eine bessere Passform. Siehe auch Tipps und Tricks.

2 Alle Kanten versäubern. Siehe auch Tipps und Tricks.

Shirt zusammensetzen

3 Vorderteil und Rückenteil rechts auf rechts aufeinanderlegen und nur eine Schulternaht schließen.

4 Bündchen links auf links der Länge nach in den Bruch bügeln. Die Länge des Bündchens ist kürzer als das Halsloch, denn das Bündchen wird gedehnt an den Halsausschnitt gesteckt und festgenäht. Siehe auch Tipps und Tricks.

5 Nun kann die zweite Schulter geschlossen werden. Bündchenenden dabei gut feststecken, damit sie beim Nähen nicht verrutschen und ein sauberer Abschluss ohne Versatz entsteht.

6 Die Ärmel mit der Armkugel ans Armloch stecken und festnähen. Dabei sollte der Ärmel oben liegen, denn das verhindert eine ungewollte Faltenbildung beim Nähen.

7 Je nach Geschmack können nun noch Ärmelbündchen angenäht werden. Damit der Ärmel dann nicht zu lang wird, sollte man ihn dafür zunächst einmal um die fertige Höhe des Bündchens kürzen. Dann den Bündchenstreifen links auf links der Länge nach in den Bruch bügeln und auch hier, wie zuvor am Halsausschnitt, gedehnt festnähen. Siehe auch Tipps und Tricks.

8 Nun werden die Unterarmnaht und die Seitennaht in einem Arbeitsgang geschlossen.

9 Falls an den Ärmeln kein Bündchen eingearbeitet wurde, dort die Saumnahtzugaben ebenso wie am Body einbügeln und mit einem elastischen Stich feststeppen (3-geteilter Zickzackstich, Geradstich mit Zwillingsnadel oder Coverstich; siehe auch Tipps und Tricks).

SPIELTEPPICH FÜR AUTOFREUNDE

Größe: 100 x 130 cm • **Schwierigkeitsgrad:**

MATERIAL

Stoffe

- bedruckter Stoff „Straßenteppich und Autos", 100 x 150 cm
- fester Baumwollstoff für die Rückseite des Straßenteppichs, 100 x 130 cm
- Webstoff von ähnlicher Qualität wie der Stoff „Straßenteppich und Autos" für die Rückseite der Autos, z. B. stabiler Popeline, 50 x 20 cm

beidseitig klebendes Wattevlies

- Volumenvlies HH 650 von Vlieseline (oder ähnliche Qualität) für die Decke, 100 x 130 cm

Zubehör

- farblich passendes Nähgarn
- Füllwatte für die Autos
- 5 m vorgefalztes Schrägband für die Außenkante des Straßenteppichs (je nach gewünschter Größe; die Länge entspricht dem Gesamtumfang der Außenkante)

DIE DESIGNERIN

Susa

Eigentlich heiße ich Susanne Bochem und wohne mit Mann, Kind und zwei Katzen in Mainz. Der Name für mein Stofflabel ist eine Kombination aus Susa und „labim" wie „Simsalabim... zaubern können"...: „Susalabim". Nähen ist ja manchmal wie zaubern.

Vom Buch zum Stoff

Eigentlich bin ich Buchillustratorin. Irgendwann kamen dann die Entwürfe für Webbänder und Stickdateien dazu und ab und zu auch Entwürfe für Stoffe. Ich wurde immer wieder mal gefragt, ob ich nicht Stoffe entwerfen wollte und eigentlich wollte ich immer, habe mir aber nie die Zeit genommen, mich einfach hinzusetzen und anzufangen... bis ich eines Tages den ganz konkreten Auftrag für einen Käfer-Stoff bekam. Dann habe ich mich eingearbeitet und seitdem bin ich nicht mehr zu stoppen. ☺

Die Welt in meinen Skizzenbüchern

Ich gehe mit offenen Augen durch die Welt und halte meine Ideen in Skizzenbüchern fest. Ich entwickle meine eigenen Ideen aus dem, was ich sehe. Ich erzähle gerne kleine Geschichten in meinen Bildern und manchmal ist es eine Situation, ein Foto oder ein Film, die zu einer Bildidee führen...

Kreativität ist mein Leben

Es macht großen Spaß, sich jeden Tag wieder etwas Neues auszudenken und an einer Idee zu arbeiten, bis man damit richtig zufrieden ist.

Gänsehautgefühl beim ersten Blick auf einen neuen Stoff

Ganz besonders schön ist es, nach Wochen oder manchmal Monaten den Andruck und kurz danach die Meterware in den Händen zu halten. Das ist schon etwas ganz Besonderes, wenn eine große Stoffkiste kommt und man den ersten Ballen des neuen Designs herausholt... ich bekomme da immer eine Gänsehaut und könnte quieken vor Glück!

ZUSCHNITT

Unser Teppich ist 100 x 130 cm groß, aber du kannst natürlich auch einen größeren oder kleineren Teppich nähen, dann brauchst du entsprechend mehr oder weniger Stoff. Wir haben 3 Autokissen genäht, aus der angegebenen Stoffmenge kann man aber auch 6 Kissen anfertigen (dann bitte auch entsprechend Stoff für die Rückseite und Füllmaterial besorgen). Nahtzugaben sind im Schnittmuster nicht enthalten. Wenn nicht anders angegeben, 7 bis 8 mm Nahtzugabe hinzufügen (füßchenbreit).
Hiervon abweichend sollte die Nahtzugabe für die Autos 1,5 cm betragen. Abgenäht wird jedoch weiterhin füßchenbreit, damit die Motive einen ausreichend breiten Rand erhalten.

Stoff „Straßenteppich und Autos"
- 1x Oberseite Teppich, 130 x 100 cm
- 3x Auto (aus dem übrigen Stoff ausschneiden)

fester Baumwollstoff für Straßenteppich
- 1x Rechteck in der Größe des Straßenteppichs

Webstoff für Autos
- gewünschte Anzahl an Autos

Wattevlies
- 1x Rechteck in der Größe des Straßenteppichs

SO WIRD'S GEMACHT

Zuschneiden und Vorbereiten

1 Alle Teile zuschneiden.
Tipp: Beim Zuschnitt der Rückseite für die Autos am besten direkt das ausgeschnittene Auto-Stoffteil rechts auf rechts auf den Stoff für die Rückseite stecken und als Schablone verwenden.
Die Schnittteile müssen nicht versäubert werden.

Verarbeitung Straßenteppich

2 Straßenteppich mit der linken Seite nach oben hinlegen, Wattevlies darauf positionieren, Stoffteil für die Rückseite des Straßenteppichs mit der linken Seite auf die Watte legen. Das Vlies liegt nun zwischen den linken Seiten der Stoffteile wie in einem Sandwich und ist nicht mehr sichtbar.

3 Alle Lagen mit einigen Nadeln zusammenstecken und durch Bügeln das Wattevlies mit den Stoffteilen verbinden.

4 Die Ecken des Straßenteppichs sollen nun abgerundet werden. Damit alle vier Rundungen gleich gut gelingen, kann man sehr gut einen Teller oder eine Untertasse als Schablone benutzen, um sie anzuzeichnen und wegzuschneiden.

5 Alle drei Lagen können anschließend rundum an der Kante mit einem Zickzackstich zusammengenäht werden. Diese Naht sorgt dafür, dass die Teile im nächsten Schritt nicht verrutschen. Siehe auch Tipps und Tricks.

6 Die Kante wird zum Abschluss rundum mit dem Schrägband eingefasst. Bei diesem Modell wurde es mit einem ZIckzackstich aufgesteppt, damit auch die Rückseite des Bandes immer mitgefasst wird. Dazu das Schrägband aufklappen, auf die linke Stoffseite direkt an die Kante anlegen und knappkantig neben der ersten Bruchkante festnähen. Nun das Band umklappen und auf der rechten Seite der Decke feststecken. Dabei das Band einklappen. Nun kann das Schrägband knappkantig mit einem Geradstich oder wie bei unserer Decke mit einem Zickzackstich festgenäht werden.

7 Je nach Geschmack können nun noch einzelne Straßenelemente oder Motive auf dem Stoff abgesteppt werden, um sie plastischer erscheinen zu lassen.

Verarbeitung Autos

8 Das Stoffteil mit dem Automotiv liegt rechts auf rechts auf dem Stoff für die Rückseite (siehe Zuschnitt). Nun die Kanten aneinanderstecken und die Naht rundum füßchenbreit bis auf eine Wendeöffnung von 5 bis 8 cm schließen.

9 Im Anschluss die Nahtzugabe zurückschneiden, außer bei der Wendeöffnung. Siehe auch Tipps und Tricks. Dann das Auto auf rechts wenden und die Kanten ausbügeln.

10 Nun das Fahrzeug mit Füllwatte ausstopfen.

11 Abschließend wird die Wendeöffnung mit ein paar Handstichen geschlossen.

Die Decke sollte nun aussehen wie auf dem Foto. Allzeit gute Fahrt!

6

7

10

11

WER IST „LILLESTOFF"?

„Hey, das kann ich doch selber", dachte ich mir, als ich in einer Kinderboutique ein wunderschönes, aber eben auch sehr teures Kindershirt einer bekannten schwedischen Marke in der Hand hielt. Das war im Sommer 2010 und dann ließ mich der Gedanke daran nicht mehr los. Schließlich konnte ich dank meiner Großmutter schon als Teenie nähen. Die war ausgebildete Schneiderin und zeigte mir früh die wichtigsten Kniffe.

Aber woher nur schönen Stoff bekommen? Unser Sohn war zweieinhalb Jahre alt und ich wollte für ihn genau dieses bunte, fröhliche, unkomplizierte Design. Genau diese Art von Stoff wie das wunderschöne teure Kindershirt. Ich surfte in bekannten und unbekannten Webshops, fand aber nichts Passendes.
Also auf nach Skandinavien, wenn auch nur virtuell. Und da waren sie! Stoffe, in die ich mich augenblicklich verliebte. Ich kaufte meterweise die unterschiedlichsten Designs und nähte Shirts wie am Fließband.
Mein Sohn wollte ab da keine langweiligen, handelsüblichen Sachen mehr tragen.
Zu der Zeit betrieb ich mit einer Geschäftspartnerin Hannovers erstes Nähcafe.
Und auch dort legte ich einige der Stoffe aus. Die Nachfrage war enorm, der Nachschub aus Skandinavien spärlich, die Qualität nicht immer so wie ich es mir wünschte. Es blieb also nur eine Möglichkeit: selbermachen.

Aber wie werden Stoffe produziert? Woher die einzigartigen Designs bekommen? Welche Qualität möchten wir haben? Mit welcher Fabrik arbeitet man? Fragen über Fragen und viele Nächte, in denen mein Mann und ich uns immer wieder beratschlagten, Ideen hin und her wälzten und wieder verwarfen.

Klar war für uns jedoch von Anfang eines, wir wollten Stoffe in Bio-Qualität produzieren lassen. Nur, was ist eine vernünftige Bio-Qualität? Reicht es aus, wenn dir jemand sagt, dass er Bio Baumwolle für die Herstellung nutzt? Nein, sicherlich nicht. Also haben wir uns über den Begriff „Bio" in der Textilindustrie informiert und sind dann auf den GOTS-Standard gestoßen. Und ja, genau das wollten wir. Stoffe produzieren, die keine krebserregenden Inhaltsstoffe haben, die mit ungiftigen Farben gedruckt werden, an denen keine Kinder mitarbeiten. Frauen

und Männer sollten fair bezahlt und die Umwelt sollte auch nicht belastet werden. Weite Transportwege kamen also auch nicht infrage.
All diese Anforderungen werden durch den GOTS-Standard erfüllt. Aber nur eine Fabrik, die auch selbst GOTS-zertifiziert ist, konnte uns die Einhaltung garantieren. Und mit so einer Fabrik wollten wir arbeiten.

Während sich mein Mann auf die Suche nach einer GOTS-zertifizierten Fabrik machte, suchte ich Designs. Und fand Bora, Deborah van de Leijgraaf. Eine Kinderbuchillustratorin aus den Niederlanden, deren großer Traum es war, ihre Designs auch auf Stoff zu sehen. Nach einem regen Mailverkehr war klar, wir arbeiten zusammen. Die ersten vier Designs waren schnell ausgewählt und mittlerweile hatte mein Mann auch eine Fabrik gefunden, die unsere Anforderungen erfüllte. Dass wir als Allererstes ausschließlich Designs für Jungs in Auftrag gegeben hatten, ist selbstredend. Es sollte ja für unseren Sohn sein.

Während nun die Fabrik an den Stoffen arbeitete, machten wir weitere Pläne für den Vertrieb. Schließlich würden wir bald 4000 m Stoff geliefert bekommen und diese wollten verkauft werden. Zum Glück haben wir auf einer Ordermesse noch eine winzig kleine Standfläche bekommen. Wie würden die Stoffentwürfe bei den Händlern ankommen? Würde man uns überhaupt zur Kenntnis nehmen? Wieder gab es schlaflose Nächte.
Alle Sorge war jedoch unbegründet. Die Händler waren begeistert und bestellten die Stoffe in großen Mengen.

Nachdem wir die ersten Stoffe ausgeliefert hatten, planten wir weitere Designs. Das Rad fing langsam an sich zu drehen.

Parallel dazu sind wir auch den Weg in Richtung GOTS-Standard konsequent weitergegangen und haben uns selbst zertifizieren lassen.
Im Jahr 2014 bekamen wir für unser verantwortliches unternehmerisches Handeln den CSR-Award verliehen. Dieser Preis hat uns gezeigt, dass wir mit unserer gelebten Firmenphilosophie auf dem richtigen Weg sind.

Mittlerweile arbeiten wir mit vielen talentierten Designern aus verschiedenen Ländern zusammen und beliefern weltweit Händler mit unseren bunten, farbenfrohen Stoffen. Unsere Designer arbeiten an ihren Entwürfen mit viel Liebe und Herzblut und das ist es, was unseren gemeinsamen Erfolg ausmacht. Die Kombination aus hervorragender, zertifizierter Bio-Qualität und liebevollen Designs. Das ist „lillestoff".

Daniele Gencalp von „lillestoff"

DANK

Dieses Buch ist ein Gemeinschaftsprojekt, an dem viele liebe Menschen mitgewirkt und ihren Anteil am Gelingen haben. Ohne sie wäre das ganze Projekt gar nicht möglich gewesen.
Danke an:

- Pamela für das gemeinsame Ausbrüten der Idee
- alle beteiligten Designer für die tollen Entwürfe, ihre Energie und Kreativität
- Orike Muth, die uns ihre Werkstatt zur Verfügung gestellt und sogar den Fußboden vorher nochmals gestrichen hat
- Isabelle für die wunderschönen Fotos mit einer einmaligen, zauberhaften Bildsprache
- Lara für das professionelle Make-Up
- Kerstin Joshi, die mit viel Liebe die Entwürfe der Designer in Schnittmuster umgewandelt hat
- Jasmin vom Label „Nähwahna" für das Überlassen des Beanie-Schnittmusters
- Claudia Holtgrefe alias Frau Liebstes für die Schnittmuster von der Coolen Jungenshorts mit passendem Shirt sowie vom Süßen Mädchenshirt mit bequemem Rock
- Tanja für das gemeinsame Erarbeiten der Nähanleitungen
- Pamela und Susa für die tollen Skizzen
- meine Freundin Tina für die Tipps zum Schreiben und unsere langen Telefonate
- unsere wunderbaren Designbeispielnäherinnen Bernadette, Katharina, Marie, Aylin, Anja, Stefanie, Melanie für ihre Anregungen, Kritik und die immerwährende Kreativität beim Erstellen der Nähbeispiele
- das gesamte „lillestoff"-Team dafür, dass es mir den Rücken freigehalten hat und mich auch in stressigen Situationen aushält
- meinen Mann, der sich stets mit viel Geduld alle Ideen anhört und mich immer bestärkt und hinter mir steht, er ist für mich der beste Ehemann der Welt
- unsere Redakteurin Frau Fischer, die mit viel Energie dieses Buch überhaupt erst ermöglicht hat
- unsere Lektorin Frau Korch für ihre professionelle Hilfestellung
- die Firma Elna, die uns Nähmaschine, Over- und Coverlock zur Verfügung gestellt hat – es hat sich auf den Maschinen fast wie von selbst genäht
- all unsere wunderbaren Kunden, die dieses Buch lesen und unsere Stoffe kaufen, ohne sie würde es uns nicht geben!

IMPRESSUM

Konzept: Daniele Gencalp, Pamela Hiltl
Entwürfe und Realisation: Diana Albrecht, Susanne Bochem, Pamela Hiltl, Jasmin Lange, Deborah van de Leijgraaf, Lieve Mariën, Orike Muth, Verena Münstermann, Kathrin Wessel
Text: Daniele Gencalp, Tanja Gessner
Redaktion: Anna Fischer
Lektorat: Katrin Korch
Fotografie & Styling: Isabelle Wistuba
Make-Up: Lara Wasylocha
Schnittmuster: Claudia Holtgrefe (Frau Liebstes), Kerstin Joshi, Jasmin Lange
Illustrationen: Susanne Bochem, Pamela Hiltl
Gesamtgestaltung und Satz: GrafikwerkFreiburg
Reproduktion: RTK & SRS mediagroup GmbH
Druck und Verarbeitung: Ömür Printing, Istanbul

ISBN 978-3-8410-6353-3
Art.-Nr. 6353

Bezugsquellen für Stoffe und Zubehör

Sämtliche Stoffe sind von „lillestoff"-Designern entworfen und von „lillestoff" exklusiv produziert worden.
Alle Kleidungsstücke wurden auf Maschinen der Firma elna genäht. Wir bedanken uns für die Unterstützung.

- lillestoff GmbH
  www.lillestoff.de
- Elna Deutschland GmbH
  www.elna-naehmaschinen.de

Kreativ-Service

Sie haben Fragen zu den Büchern und Materialien? Frau Erika Noll ist für Sie da und berät Sie rund um alle Kreativthemen. Rufen Sie an! Wir interessieren uns auch für Ihre eigenen Ideen und Anregungen. Sie erreichen Frau Noll per E-Mail: **mail@kreativ-service.info** oder Tel.: **+49 (0) 5052 / 91 18 58**

Besuchen Sie uns im Internet: **www.christophorus-verlag.de**